JN012899

新版

「これからもあなたと働きたい」と言われる店長がしているシンプルな習慣

松下 雅憲

同文舘出版

はじめに

「店長……私、今日でバイトを辞めさせていただきます」

新型コロナの影響には関係なく、「店舗ビジネス」は、これからも人手の確保が難しい状況が続いていくでしょう。その「店舗ビジネス」の責任を担っている立場の「店長」にとって、今最も聞きたくない言葉が、「辞める」「辞めたい」というスタッフの声ではないでしょうか。

スタッフは、なぜ辞めてしまうのでしょうか。他に時給の高いバイトを見つけたから？　今よりも楽そうなバイトを見つけたから？　ユニフォームが可愛いバイトを見つけたから？　格好いいスタッフ、可愛いスタッフがいる店を見つけたから？　それもあるかも知れませんが、実は、スタッフが辞めてしまう主な原因は「今の仕事に満足できないから」なのです。

ところが、

「仕事が嫌なら辞めればいい」

「バイトの替わりなどいくらでもいる」

「仕事で満足などしなくてもいいから、決められた仕事をしてくれればいい」

いまだに、こんなことを言う店長や経営者がいます。

しかし、もう、そう簡単に従業員の替わりを見つけることなどできない時代になっているのです。早くそのことに気づいて、「スタッフが仕事に満足して辞めない店」を作っていかないと、経営は成り立たなくなるのです。

従業員満足度が高いのにお客様満足度や売上げが上がらない……？

あなたは、こんな疑問を感じたことはありませんか？　不思議ですよね。一般的には、従業員満足度が高まれば、お客様満足度もそれに比例して高まるはず、と考えられています。ところが、従業員満足度が高いにもかかわらず、お客様満足度が全然高まっていかないお店があるのです。

本書はその疑問、「従業員満足とお客様満足の関係の謎」を解明した結果、書くことができた本です。くわしくは、プロローグの最終項を読んでいただきたいのですが、簡単に説明すると、従業員満足は、６つのステージに成長段階が分かれており、低いステージで満足を感じていても、その段階では、「お客様に満足していただきたい」という主体的な気持ちが生まれていないのです。そのため、お客様への対応はマニュアルなどで決められたものを、そのまま実行しているに過ぎないということなのです。

それでは、「お客様満足度」が向上しないのは当たり前です。せいぜい、「不満の解消ができた」、というレベルなのです。しかし、店長やスタッフが成長して高いステージに上ると、そこでは「お客様あっての自分」「仲間がいるから自分がある」という気持ちが自然と湧いてくるようになります。そうすると、お客様への対応は自ずと質の違ったものになるのです。

私は、このことを実証し説明するために、この数年間、従業員満足とお客様満足の関係を調査してきました。その結果、従業員満足を6つのステージに分けて考えると、「従業員満足を高めるとお客様満足が向上するはずなのに、なぜかそうならない、矛盾する店が存在してしまう」という疑問について、その原因を説明することができることに気がつきました。

この原因と対策を事例で解説したのが本書なのです。

従業員満足度には6つのステージがある

このことを数字として実感するには、従業員満足度調査そのものを工夫する必要がありま す。新しい従業員満足度調査によって、店が今、6つのステージのどの段階にいるのかを知り、その中でどれくらいの満足度かを知る必要があるのです。しかし、今までの従業員満足度調査では、ステージをひとつとして捉えているため、個人目標の有無などの細かい満足度を尋ねているにもかかわらず、全体としてざっくりと評価せざるを得ないのです。もちろん、調査をして数値化をしないと、どのステージにいるのかがまったくわからないわけではありません。

この本では、従業員満足度の調査方法やアンケート内容については、あえてくわしくは触れていませんが、最後まで読んでいただければ、「今自分の店が、どういう段階にいるのか？」について、あなたの観察により、それを知ることができるようになっています。ぜひ、最後までお読みいただければと思います。

最近、店の売上げがコロナ前のレベルになかなか戻らない……

店長の悩みは、つまるところ、「ひとの悩み」と「売上げの悩み」です。

しかし、よくおわかりのように、「ひとの悩み」を解決すれば、「売上げの悩み」は解決に向かって動きはじめます。しかし、先に「ひとの悩み」を解決しないと、どんな販売促進策も効果は半減してしまうのです。

実は、この2つの悩みを抱えている店には共通点があります。年がら年中、アルバイトの募集を行なっているのです。そして、応募がないと、募集時給をどんどんと高くしていきます。しかし、人件費を使いすぎると利益が出ません。すると、シフト数を削ることになるか、店長自身がサービス残業をしてしまうことになります。2つの悩みを抱える店には、このような共通点があるのです。こんな状態で、誰が「仕事に満足」できるでしょうか？　売上げは上がるのでしょうか？　上がりませんよね。これでは、負のスパイラルそのものです。

そもそも業績のよい店は、アルバイトの募集を行なっていません。なぜなら、スタッフが辞めないからです。さらに、卒業などのやむを得ない理由で辞めるときは、後輩や友人を自分の後釜として連れてきます。また、このような店は、お客様が「私、この店で働きたいんです。バイトの募集はしていないのですか？」という問い合わせが絶えません。あるレストランでは、スタッフ全員が、元お客様という店もあるくらいです。

仕事に満足しているスタッフは「悪ふざけ投稿」など考えもしない

2013年8月。多くの飲食店を震撼させる事件が起きました。世に言う「SNS悪ふざけ投稿事件」です。スタッフに悪ふざけ投稿をされた店の中には、売上げが低下しただけでなくFC契約を解除されたり、閉店を余儀なくされたりした店も出てしまいました。このことを、スタッフの「若気の至り」「ただのいたずら」「ちょっと図に乗ったジョーク」と軽く見てはいけません。あの時期の一時的なものと、過ぎ去った過去のように思ってもいけません。多くの企業が、悪ふざけ投稿を防ぐために、SNSの取り扱いルールを厳しくしました。これも、ひとつの解決策でしょう。しかし、それで根本的な問題を解決したと思っていたら大間違いです。これは、スタッフの仕事に対する満足度が低いから起こってしまった事件なのです。

私は、店長であるあなたに、根本的な問題を解決し、「そんな悪ふざけなんて考えもしないスタッフ」を育てていってほしいのです。それは、まさに「仕事に満足して店を辞めないスタッフ」を育てていくこととまったく同じなのです。

最後に、本書に書かれている6つのステージの上り方ですが、必ず1段目から順に上っていってください。一見、ステージ4や5ができているように感じても、もしステージ1や2に問題が生じたら、他のステージも崩れてしまいます。ステージ1や2は基礎、基本です。どんなことでも、土台が一番肝心です。決してあわてず、一足飛びなど考えず、着実に6つのステージを上っていってください。そうすれば、スタッフが、あなたにこう言う日が来るでしょう。

「あなたと一緒に働けてよかった」と。

2023年4月

松下雅憲

新版「これからもあなたと働きたい」と言われる店長がしているシンプルな習慣　もくじ

▶PROLOGUE

「あなたと一緒に働けてよかったと言われる店長」は6つのステージを上りながら自分とバイトを成長させている

▶STAGE 1

「快適な労働環境」を作る習慣
厳しい労働環境なんてあってはならない

▶STAGE 2

「報酬・承認」の習慣

時給を上げるだけでは「本当の満足」は得られない

▶STAGE 3

「目標・評価」の習慣

達成感があるから楽しく働ける

▶STAGE 4

「成長・主体性」の習慣

成長を実感できるから続けられる

▶STAGE 5

「貢献・責任」の習慣

貢献している自覚があるからプライドが生まれる

装丁・ＤＴＰ　春日井　恵実

▶PROLOGUE

「あなたと一緒に働けてよかったと言われる店長」は6つのステージを上りながら自分とバイトを成長させている

お客様に満足していただけるように一所懸命に働くスタッフがいないと、いくらおいしくても、いくら格好がよくても、いくら便利でも、いくら安くても、その店はやがて誰も来なくなります。その一所懸命なスタッフを育てるのは、店長です。スタッフは店長を見て、仕事の楽しさを知り、厳しさも学びます。そのうえで、スタッフが「あなたと一緒に働けてよかった」という気持ちになることが、「仕事の満足度が高い」と言うのです。

スタッフを見れば店長がわかる

店長が先に成長しよう

「店長、今ご自分が、どんな表情をしているかご存じですか？」

ランチタイムが終わってホッとしていた店長は、主婦パートスタッフからこう言われました。彼は、ビックリして洗面台の鏡で自分の顔を見ました……そこには、目がつり上がり、眉をひそめ、苛立った表情の自分がいました。

「えっ？　自分は、こんな表情でホールに立っていたのか……いや、そんなことはない、ホールにいたときには笑顔が出ていたはずだ……でもないか……」

その日の彼は、ランチタイムがうまくまわらず、お客様からもお叱りを受け、売上げもかんばしくない、やることなすことうまくいかなくて、イライラして頭に血が上っていました。しかし自分では、いつもの笑顔で接客をしているつもりだったのです。

しかし、主婦パートスタッフに表情を指摘されたことで、店長は、ようやく自分の苛立った表情、そして態度、言動に気がつきました。そして、それが「スタッフの仕事のパワーにも大きく影響してしまっているのかも知れない」と思ったのです。つまり、店がスムーズにまわらないのも売上げが低迷しているのも、自分の気持ちや表情や言動が引き起こしている、すべては自分が原因かも知れないと思ったのです。

反省した店長は、スタッフを集めて謝罪し、自分の表情や言動を改めるように宣言をしました。店長の謝罪と宣言に、最初はビックリしていたスタッフでしたが、ようやくリーダーが口を開きました。「店長、すみませんでした。今日のランチは、連携がまったくダメでした。お互いをよく見ていなかったことが原因です。ディナーはそこを改善します。自分たちも一所懸命頑張ります。だから……店長もイライラしないでニコニコしていてください。だったら、もっとリラックスして余裕ができて連携がうまくいくと思います」と。

スタッフの動きを悪くしていたのは店長自身でした。店長の表情と言動が、スタッフの動きを硬くしていたのです。店長はスタッフに言われたとおり、「もっと意識して冷静になり、余裕を持って笑顔を出さなければいけない」と思い、すぐに行動に出ました。「ちょっと100円ショップに行ってくる」と言って出かけた店長は30分後、10個の小さな置き鏡を買ってきました。そして、「今日から僕は、もっと自分の表情や言動に責任を持ちます。この10個の鏡で、何回も自分の表情を確認します」と約束したのです。

この10個の鏡は、店長自身が自分を見つめることにも役立っただけでなく、スタッフにもよい影響を与えました。スタッフもまた、この鏡で自分の表情を見るようになっていったのです。店長が設置した「鏡」の効果は、店長だけでなく、スタッフにも現われました。表情が暗いスタッフがいると、鏡を持ってきて「ほら！」と、笑って注意するリーダーも現われました。10個の鏡のお陰で、つい先ほどのランチタイムまでピリピリした空気が張り詰めていたこの店の空気は、柔らかくて温かなものになったのです。店長が気づきにより成長し、スタッフがすぐにそれに続いたという事例です。

さて、この店長とスタッフの連続成長の話を聞いて、あなたはどう思ったでしょうか。実は、この連続成長の繰り返しこそ、あなたの店が、お客様に愛される店になっていくプロセスなのです。店長が成長し、スタッフがそれに影響されて追いつこうとする、店が成長するとはこういうことなのです。店長が、一方的にスタッフを教育するのではありません。それは、ほんの一部のカリスマ店長だけができる技です。今、あなたがそれをすることができるのなら、本書は不要です。誰か新人店長にプレゼントしてください。でも、何だか空回りする、思うようにならないな、わかってくれない、と少しでも悩んでいるなら、このまま、本書を読み進めていってください。きっと役に立つでしょう。

多くの店長は、彼のように自分の表情や言動が、スタッフにどれくらい影響を与えているのかを自覚していません。でも、スタッフの表情や動き、言動は、店長そのものを映し出しています。店長は、その店の基準であり見本、つまり「鏡」なのです。スタッフに笑顔がないのも、動きが悪いのも、お客様に気がつかないのも、すべては店長を映しているのです。

そして、スタッフもまた、あなたを映す「鏡」です。スタッフを見れば、あなたの店長力がわかります。スタッフは、あなたを見ながらあなたと一緒に成長していくのです。

「昔ながらのリーダー」を目指す必要はありません

「今風のリーダー」になろう

「さあ、では僕と一緒にやってみましょう。僕ができるんですから、あなたにもできます。大丈夫です！」

店長のリーダーシップスタイルは、いろいろあっていいのです。この店長は、いわゆる「率先垂範式」でも、「バックアップ式」でもなく、言わば「伴走式」という感じのリーダーシップです。

この店長が、ふだんから行なっている「伴走式」というリーダーシップは、率先垂範式のように、先にドンドンやって、手本を示してから、「さあ、ここまで来い！」と、部下がそこに追いつくように頑張らせる、昔ながらの「俺について来い」方式と、部下の後ろについて背中を押しながら、「さあ、もう少しだガンバレ〜」と励ますバックアップ式のよいところを取ったハイブリット型のリーダーシップです。

自分が手本を示しながら、すぐにその場でやらせてみる。決して先にドンドン進むわけではない。けれど、後ろから押すのではなく、横について相手のペースに合わせて一緒に進むので、部下が息を切らせることはない。そのような現代的なスタイルです。

この「伴走式」の利点は、前記のようなペースメーカー的な所と、見本を少しずつ示されて少しずつ達成していくことで、少しずつでも前進していく達成感が得られる所にあります。最近の若者は、とにかく自分のペースを大切にします。あまり無理をしません。ですから、店長がドンドン先に行くと、どうぞ先に行ってくださいと言って、追いついてこようとしません。また、後ろからガンガン押されると、すぐ苦しくなって息が上がってしまうのです。「伴走式」なら、それがありません。

「小さな目標＋小さな見本＋小さな達成感」をマイペースでやっていく。一見、手間がかかって面倒な感じに思えるかも知れませんが、歩みは遅くても、着実に成長していけるため、新店舗などでグループトレーニングをするときなどは非常に有効です。ドンドン先に行きたいスタッフは、好きにさせておいて、一番遅いペースのスタッフについて前進していけばいいのです。伴走していると、早く進んだスタッフにも目が届きます。後ろから一人ひとりにバックアップをしていると先頭者が目に入らなくなってしまうし、自分が飛び出すと一番しんがりのスタッフはまったくついて来られず、脱落してしまいます。

私自身は、率先垂範のリーダーの元で育ち、自分がリーダーのときは、背中を押すバックアップ式のスタイルが主流の時代でした。しかし今は、今の時代の若者を育てて、チームを成長させなくてはなりません。彼らにうまくペースを合わせていかないと、育てることができないのです。

さて、会社でのあなたの上司は、少し前の時代に育っているので、おそらく「率先垂範型」をリーダーの理想の形として推奨することでしょう。もしかしたら、「バックアップ型」かもしれません。でも、勘違いしてはいけません。大切なのは、上司がイメージするリーダーシップスタイルをあなたが実行することではありません。あなたの部下であるパート・アルバイトスタッフが一番実力を発揮しやすいリーダーシップを、あなたが身につけて実行することなのです。あなたのスタッフが、あなたと同世代やあなたよりも若い世代ならば、「伴走型」が一番マッチしていると思います。

現代っ子は、一緒に走ってくれる仲間的なリーダーを求めています。「小さな目標＋小さな見本＋小さな達成感」を、横で一緒に走って彼らのペースに合わせて育てていく。現代っ子へのトレーニングは、この方法がお薦めです。

あなたが先に「夢」を語るのではありません

スタッフが先に「夢」を語るのです

「私は、こんな店を作りたいんです。だから、これをこうやって、こういうふうにしていきたいんです！」

店長に昇格したり、異動して新しい店に着任すると、いきなり目をキラキラ輝かせて夢を語る店長がいます。店長の上司であるエリアマネジャーやスーパーバイザーも、それを煽るように、新任店長に「どんな店にしたい？」「どんなことやっていきたい？」と聞いてきます。

違います!! まったくもって大きな間違いです！ 新任店長は、いきなり「夢」を語ってはいけません。なぜならば、あなたが店長として着任したこの店は、まだあなたの店にはなっていないのです。「夢」を語るのは、きちんとあなたの店になってからです。語るのならば自宅のトイレの中で、ひとりで語ってください！

あなたが、いくら業務的な引継ぎを前任店長から受けていたとしても、パート・アルバイトスタッフ一人ひとりの気持ちはまだ受け継いではいないのです。彼らにとっての店長は、まだ前任店長なのです。まだしばらくはあなたと前任店長とを比較しながら、時間が経過していきます。あなたの店になるまでは、もう少し時間が必要なのです。

冒頭の発言をしたのは、ある飲食チェーン店の新人店長です。彼女は、非常に器用で仕事を覚えるのも早く、店長昇格試験も易々とクリアしていきました。また、店でも明るいリーダーシップを発揮していたので、スタッフの受けもよく、キャンペーンなどでも成果を上げ、人事評価も順調に上がっていき、入社半年後にはめでたく店長代理から店長へと昇格し、この店に赴任したのです。そして彼女は、着任以来1ヶ月、毎日のように自分が理想とする店のイメージをスタッフに話していました。それが冒頭の言葉でした。

ところが、そんなある日のことです。彼女が朝礼で挨拶をしたときに、その事件は起きました。「みなさん、おはようございます！　今日は本社から役員が来店されます！　私がいつも言っているように、『お客様にありがとうって言われるお店』のスタッフとして、ふさわしい笑顔と接客をしてくださいね。よろしくお願いいたします」と言ったときでした。あるスタッフが突然、「本社の役員が来るって、何かたいへんなことなんですか？　私たちに何か関係あるんですか？」と言いました。すると別のスタッフが、「お昼の忙しいときに来られたら迷惑なんですけど……ハッキリ言って……来ていただくのはいいんですが、別の時間にしてもらえないんですか？」と言ったのです。他のスタッフも、一様にしらけたムードになっていました。「え？　あなたたち、突然何を言ってるの？？？」彼女は、スタッフたちが急に反抗的な態度をとったので、何が何だかわからなくなっていました。

さて、なぜこういう事態になったのかは、もうおわかりですよね。そうです。冒頭でお話ししたように、この店はまだ「彼女の店」にはなっていなかったのです。店長として異動して1ヶ月、経験のある店長なら、徐々に自分が目指しているビジョンがスタッフに浸透しはじめている頃です。しかし、この店ではじめて店長になった彼女は、着任以来ずっと自分の気持ちをスタッフに一方的に投げていただけで、スタッフの気持ちはひとつも受け取っていなかったのでした。

それでは、ビジョンの浸透など絶対にできません。この日の朝礼は、店長の独りよがりの夢物語のようなアプローチにいいかげん頭にきたスタッフからの返球でした。投げ返されたボールは、彼女にとってずっしりと重たく、冷たく、また悲しい気持ちがこもったものでした。

店長に昇格した時、また異動して新たなお店に着任した時、店長は「さあ〜、理想のお店を創るぞ！」と夢と希望に溢れています。きっとあなたもそうだったでしょうし、私もあなたと同じようにワクワクしていました。

もちろん、店長はそのお店のリーダーですから、理想のお店を創り上げるために夢や希望を持ってそれを語ることは悪いことではありません。しかし、その時のスタッフの気持ちはどうでしょうか？　全員が新しいメンバーの「新店」ならばいざ知らず、既存店のスタッフの気持ちは非常にデリケートなのです。ついこの前まで、慣れ親しんでいた前任店長がいたのです。前任店長がとても嫌われていたのならいざ知らず、多くの場合、前任店長もスタッフと一所懸命に理想のお店創りに邁進していたはずです。

そこに新しく来た店長が、いきなり新しい「自分が考える夢」を語り出す……スタッフはどんな気持ちになるでしょうか?

スタッフに限らず「ひと」は、自分の話をきちんと聴いてくれる人の話については「ちゃんと聴こう」という気持ちになるものです。つまり、新任店長がスタッフに自分の話を聴いてほしいと思うのなら、まずはスタッフの話（気持ち・希望・夢・目標・悩みなど）をしっかりと聴くところからスタートすべきなのです。

早く理想のお店を作りたい気持ちはわかりますが、「先に話を聴いてから話す」という順番は、しっかり守っていきましょう!

従業員満足度には6つのステージがある

第1ステージで満足しても売上げは上がらない

プロローグでは、従業員満足度の高い店を作っている店長が実践している「基本中の基本」をご紹介しました。それは、ひと言でまとめると、「いつもスタッフの気持ちになっている」ということです。お客様に「この店にまた来たい」と思っていただくには、そう思っていただけるようなサービス、ホスピタリティをスタッフが提供できなくてはなりません。

しかし、そのスタッフが、「明日もこの店で働きたい」と思ってくれないと素敵なサービスなどできるはずがありません。それには、あなたがスタッフの「仕事に対する満足度」を高める店長にならなくてはならないのです。

よく、「スタッフの仕事に対する満足度を高めていこう」と言うと「時給がどんどん上がってしまいます！」とか「スタッフがつけ上がりませんか？」などと言われることがあります。でも、それは大きな勘違いです。

もちろん、時給も大切な要素です。不当に安い時給やサービス残業などで従業員の満足度が上がるはずがありません。しかし、時給が高ければ満足してよい仕事ができるかというと、決してそうではないのです。

よく知られている「マズローの欲求五段階説」と同じように、働く環境においては「従業員の仕事の満足　6ステージ」があると私は考えています。

第1ステージ：快適な労働環境
第2ステージ：報酬と承認
第3ステージ：目標と評価
第4ステージ：成長と主体性
第5ステージ：貢献と責任
第6ステージ：感謝と誇り

たとえば、時給や給料などは、その基本的な段階（第2ステージ）に位置します。しかし、「仕事の満足」には、まだ上のステージがあるのです。そこを上っていかないから、時給や給料で何とかしようという発想が生まれるのです。報奨制度なども同じです。人の働く意欲をにんじんで釣っても、本当のモチベーションが長く続くことはない、ということはあなたもよくおわかりのはずです。

人は誰でも、「成長」を目指し、「貢献」を「誇り」に感じ、人に「感謝」する気持ちを持っています。しかし、多くの企業では、「報酬・報奨」や「目標管理」に「満足度」のゴールを置いています。しかし、この段階では、残念ながら「お客様に満足を提供しよう」という意欲は、まだ充分に育ってはいないのです。だから、「従業員満足を向上させてもコストが上がるだけで売上げなど上がらない」と誤解する経営者や店長が出てきてしまうのです。

しかし、あなたの店のスタッフが、この「仕事の満足の6ステージ」を上っていくと、徐々にお客様に対する気持ちに変化が生じてきます。自分たちの給料は、このお客様がくださっているのだということを、本心で理解するようになります。すると、マニュアルで決められた「ありがとうございます」ではなく、もっと心の深い所から感謝の気持ちが出てくるようになります。

そのためには、プロローグの最初にも書きましたが、店長であるあなたがこの段階を先に上っていくことが大切なのです。決して低いステージをゴールにしてはいけません。

この階段を上っていくと、必ずあなたの店のスタッフはお客様に対する意識が変化します。いえ、成長します。そして、その成長はお客様の満足度にも表われてくるようになります。さらには、直接的な利益の向上にも影響を与えるようになります。次の章「ステージ1」からは、どうやって各ステージを上っていくのかについて、従業員満足度の高い店を作り上げた店長が実践している習慣やコツをご紹介していきます。

それらは、まったく難しいものではなく、とてもシンプルな習慣です。ぜひ、一つひとつをじっくりと読んで、実際に試していってください。きっと、ステージを上るたびに、その実感が得られることでしょう。

▶STAGE 1

「快適な労働環境」を作る習慣

厳しい労働環境なんてあってはならない

このステージでは、「働く」うえで「当たり前」である、「働く環境の整備」についてフォーカスします。当たり前のことである、「環境、機器、ユニフォーム、休憩室などの問題点」を見逃したり、見て見ぬふりをしていると、いつまでたっても次のステージには上ることはできません。

「働きたい店」の前に「安心して働ける店」を作ろう

「3K は当たり前」なんて思ってはならない

「あ〜あ、うちの店は3K職場だなあ〜 でも、仕方ないよね。飲食店って、どこでもこういうもんだからな〜」

店舗ビジネス、とくに飲食店は、「3K職場」とよく言われます。「3K」とは「きつい、危険、汚い」のことです。このような職場環境では、仕事の満足度を高めていくことは絶対にできません。

スタッフの仕事の満足度を高めていこうとするとき、「快適な労働環境」のステージをスキップしてはいけません。このステージは、仕事の満足度を高めていく際の基盤となるものです。ところが、この大切なステージをスキップして次のステージにいこうとする店長や経営者がいます。「働く環境なんて、少々の厳しさは『我慢』するものだ。それに、快適な環境なんて考えていたら、お金がいくらあっても足りやしない」といった考え方は、実は大きな思い違いなのです。「働く環境を快適にする」ことのほうが、「きつい、危険、汚い環境を我慢させる」よりも、コストがずいぶんと安くつくのです。

「きつい、危険、汚い」労働環境を我慢させる状況にあると、間違いなくそれが原因で退職するスタッフが現われます。働き手を確保することがさらに難しくなるこれから先、募集すれば応募が殺到するようなことはもう起きないのです。働く環境が厳しい状況だということは、働き場所を探している人には必ず伝わります。それでも来てもらうには、時給を他よりも相当高めに設定しなくてはなりません。しかし、環境が厳しければ結局辞めてしまうのです。そして、また高い時給で募集をすることになるのです。

しかし、そうしなくてもいい方法があります。それは、辞めていくスタッフの穴埋めのための採用コストを、「働く環境を快適にするための整備コスト」に振り替えて投資すればいいのです。それにより、退職者を減らすことができれば、間違いなく経費の削減になります。「働く環境が快適な店」には、スタッフの応募は必ず来ます。そうすることで、むやみに募集時給を高める必要もなくなるのです。

たとえば、厨房床のグリストラップの清掃は、臭い汚いきつい仕事です。しかし、最近は技術も進化して清掃が簡単になっている設備も開発されています。ゴミ捨て作業も、きれいでかっこいいダストコンテナを使用しているお店もあります。コロナ対策でも、３Ｋを防ぐ工夫ができます。性能が高いマスクを会社が支給したり、休憩室に高性能の空気清浄機を導入したりするのも、コロナ時代に安心して働ける環境づくりのひとつと言えるでしょう。

一方で、スタッフが安心して働ける環境づくりに投資をケチる会社の中には、夏場に故障したエアコンの修理手配に時間がかかってしまう残念な所もあります。もっての外ですね。

自分達を大切にしてくれないと感じさせる会社・お店で働くスタッフは、その姿勢に見合う働きしかしてくれません。このような対応は、離職率の増加にもつながるのです。

退職と採用と育成と退職を繰り返すほど、無駄なコストはありません。他にも満足度を高める「基本的な環境投資」はあります。ユニフォームなども、その典型的な満足度向上投資です。使い古した古いユニフォームではなく、新品、もしくはきれいにクリーニングされたほころびのないユニフォームをスタッフに支給してください。コストは活きた使い方をしましょう。本当に大切なところには、ケチらずに使いましょう。それは、スタッフの働く満足度を必ず向上させてくれます。それは、決して無駄にはならないのです。

一緒に働きたい店長の習慣

働くための快適な環境の整備に妥協をしない

「スタッフ」は「ビジョンに共感」で採用し、「あきらめの悪さ」で「教育」しよう

あなたのこだわりがあなたを支える

「うちのスタッフには、誰一人『辞めてもいいようなスタッフ』はいません！」

こう断言するのは、ある洋菓子店の店長です。この店には、「辞めてもいいようなスタッフはいない」というのが店長の自慢です。でもよく考えてみると、「辞めてもいいようなスタッフ」などいないのが当たり前です。

ところが現実には、多くの店で「できないなら辞めてもいい」「私の言うことが聞けないのならば辞めてください」と、会社や店長の方針や要請、指導に対してついていけないスタッフは要らないというような、強気な態度を取る店長や会社が存在するのです。

たしかに、店長には店長の考えがあります。また、会社には会社の方針があるでしょう。決めたことをキチンとやってほしいというのは、店長や経営者の正直な気持ちだと思います。それができないのなら、邪魔になる……そう思う気持ちもわからないではありません。

しかし私は、この考え方は、根本的なところが間違っているように思うのです。

「理解できないのなら辞めてもいい」という考え方を、店長や経営者がすると、スタッフ

の育成については、途中であきらめてもよい、ダメなら辞めさせてまた採用すればよいというように、スタッフ育成の担当者やベテランスタッフは感じてしまいます。

その結果、根気よく指導しないで、成長度が低い原因を理解の悪い、不器用な新人のせいにしてしまい、結局は彼らの自信をなくさせて辞めさせてしまうことになるのです。そして、その穴埋めのために、また採用コストをかけるのです。店長や経営者は、スタッフに新人育成を簡単にあきらめさせてはならないのです。

冒頭のコメントを言った洋菓子店の店長は、**「私が責任を持って採用したスタッフです。1人も辞めさせません。働いている途中で、スタッフの都合で辞めざるを得なくなった場合を除いて、必ず全員を一人前に育てます。だって、採用のときに私が目指す店づくりに共感してくださった方だけを採用しているのです。覚えのいい悪いは関係ありません。お客様に対する想いに共感しているのだから、いずれ追いついてきます。必ずです」**と断言しています。

彼は、パート・アルバイトの応募者を採用する基準について、ある「こだわり」があります。面接時に「自分のお客様に対する想い、働く仲間に対する想い」を応募者に伝えるのです。

「お客様には、当店のケーキを食べて楽しい気分になってほしい。うちは、何か嫌なことがあっても、うちのケーキを食べるとすっかり忘れてしまう、そんなケーキ屋でありたいのです。店で働くスタッフは、その橋渡しをする大事な役目を持っているんです。それに全力で挑戦できる！　そう約束できる人だけを採用しているんです」と、彼は熱く語ります。なので、彼が求める接客の基準は、自分と同じ想いを伝えられる人なのです。それを約束してくれたスタッフに対しては、いくら物覚えが悪くても、簡単に育てることをあきらめたりはできないのです。

景気が上向きになってくると、働く場所が増えてきます。すると、外食産業やコンビニエンスストアを中心に、パート・アルバイトが不足してきます。そうなると、パート・アルバイトの応募者自体も、不況時よりは少なくなってきます。

そんなとき、多くの店長は焦って誰でもいいから応募してきた人を採用してしまいます。すると、店や会社が考える「理想のスタッフレベル」と「実際に働くスタッフレベル」の間にギャップが生じてしまいます。

その結果、スタッフ育成に苦労することになります。さらに「採用基準」にこだわらないから、「辞めさせて次の新人を採用しよう」などと軽く考えてしまうのです。

店長が「ビジョンに共感」するスタッフの採用にこだわらないようになると、スタッフレベルは低下し、退職と募集、そして採用を繰り返すことになってしまいます。そこに、どれだけの時間と労力とコストの無駄が生じるのかをよく考えましょう。ここで妥協をしてはならないのです。

一緒に働きたい店長の習慣

目指す店舗ビジョンに共感できる応募者だけを採用している

※共感するスタッフの採用については、私の前作『「競合店に負けない店長」がしているシンプルな習慣』（同文舘出版）の7章にも事例を紹介しています。あわせて参考にしてください。

「新人オリエンテーション」は必ず店長が実施しよう

オリエンテーションは理想の店への第一歩

「では今から、この店で働いていくことについて『大切なこと』をお話しします。今日からの仕事にとても大切なことですから、しっかりと聴いて理解をしてください」

この日は、先日採用された新人パート・アルバイトの勤務初日でした。この店では、その最初の1時間を使って、初日を迎えた新人パート・アルバイトに対して、店長から直接、「この店で働くことについて、店長や会社がこだわっている事柄」を丁寧に説明しています。この店では、これを「オリエンテーション」と名付けています。

この「オリエンテーション」では、「時間管理や言葉遣い、あいさつ、身だしなみ、ルール」などの基本的なことから、「この店の歴史やお客様に対する想い、店が目指している理想の姿」などのビジョンについて、店長自らが説明をします。そして最後に、「仕事をしていくうえで、悩みごとができたときの対処方法」について伝えます。

新人パート・アルバイトは、このオリエンテーションを受けることで、この店で働くことへのモチベーションと緊張感、さらに責任感を高めていくのです。

あるカフェで店長を任されているAさんは、このオリエンテーションについて、「この仕事だけは誰にも任せない」というこだわりを持っています。私は彼女に、そのこだわりの理由をたずねました。すると、彼女はこう答えてくれました。

「新人のパート・アルバイトは、誰もが不安と期待を持って初日を迎えます。その緊張感はものすごいものがあるはずです。その最高の緊張感があるときに、私は、新人パート・アルバイトに伝えたい言葉があるんです」と。彼女は、その伝えたい言葉を続けました。「ひとつ目は、『先輩から仕事を教えてもらっていたら、微妙に教える内容が違うように感じることがある。そんなときは、店長に相談してください』ということなんです。作業やルールはマニュアルを作っているけれど、解釈が微妙に違ったり、教え方が違ったりすることがあるのです。新人はそれで混乱して悩んでしまいます。その修正は私の仕事、いえ、私の責任なのです」と。彼女は、さらに続けました。

「もうひとつは、『人間関係で困ったら、私に相談しなさい』ということです。だって、バイトをする中で一番の悩みは人間関係ですからね。これも、解決するのが、私の仕事、責任ですから」と。

新人パート・アルバイトが、バイトを辞めるタイミングは、3日目、30日目、3ヶ月目と言われています。このタイミングで発生する悩みごとは、仕事についての技術的な問題以上に人間関係の問題が多いのです。また、ちょっとした言葉のかけ方ひとつで、「怒られた」「笑われた」「からかわれた」「嫌われた」と思ってしまうのが新人です。ベテランにとってはたわいのないことでも、新人には大きな問題なのです。それにいち早く気がついて、すぐに解決しないと、その新人は辞めてしまいます。

そんな新人が、悩んだらすぐに店長に相談できるように「初日の最初の1時間」は、絶対に店長がオリエンテーションを行ないます。彼女がこだわっているのは、こういう理由のためなのです。彼女のこのこだわりの成果は、新人パート・アルバイトの1ヶ月以内の早期退職がゼロという成果を生んでいます。店長自らが、新人アルバイトのスタートをサポートすること。これが、新人の不安の解消に大いに役立つのです。

さて、あなたは、新人パート・アルバイトの初日をどのように迎えていますか？

一緒に働きたい店長の習慣

初日のオリエンテーションは絶対に自分でやると決めている

「身だしなみ」にも徹底的にこだわろう

「身だしなみ」に気を配れないスタッフはいずれ大きな障害になる

「Aさん、おはよう。シャツが背中から少し出ているよ。前髪が目にかかっているので、ピンで留めようね。靴はオッケー！　爪は……あら派手なネイルはダメじゃない！　取れる？　取れないなら、今日は仕事はできないわよ……」

ある和食レストランチェーンの店長は、毎日スタッフが出勤してくると、細かく身だしなみのチェックをします。でも、このように毎日チェックをしていても、なかなか全員が100点満点でシフトインをしてくれません。とくに、若い高校生のスタッフは、まだ「仕事についてのプロ意識」を持つレベルには至っていません。高校生は、同じ世代の友人の流行に大きく影響され、その流れのまま仕事に来てしまうのです。店で仕事をするときの身だしなみについて、まだ「プロ」とは言えないレベルなのです。

そのため、店長は毎日厳しく注意をします。いや、それだからこそ、毎日毎日徹底して確認するのです。「身だしなみは、自分のためではなくお客様のためにある」と。その基本を徹底してスタッフに伝えます。それが大切なことは頭や理屈では理解していても、なかなかできないのが社会経験の少ない若い世代なのです。

でも、店長があきらめてしまったのでは、若いスタッフの成長はそこでストップしてしまいます。身だしなみには個人のセンスは不要です。お客様が、その店に求めている基準を徹底的に守ることが大切なのです。だから、それをルールにするのです。しかし、身だしなみがビシッと決められないスタッフの中には指導やしつけのレベルではなく、根本的に納得していないような人もいます。

「私は気にしないんだけどな～。むしろ、可愛いネイルをしていたら会話が弾むし、お客様も楽しくなりませんかね？」と、あるスタッフが言ったことがあります。実は、このような発言をするスタッフがいること自体が問題です。なぜかというと、採用される段階で「店のコンセプト」を理解して守ることのできるスタッフ以外は採用してはいけないからです。それを確認しないまま採用してしまうから、後から苦労するのです。

そうは言っても、このスタッフには、キチンとお客様に喜んでいただけるような身だしなみをしてもらわなくてはなりません。方法はオーソドックスですが、ただひとつです。彼女に、店長が目指す店のコンセプト、メインターゲットのお客様が望んでいるこの店への期待を理解してもらうしかないのです。お客様の期待を裏切ってはいけないのです。

そのうえで、どうしても理解ができないのならば、彼女はあなたの店で働いていくことはできません。スケジュールのよさや働き具合がいくらよくても、ルールを守れないスタッフは、いずれ大きな問題を引き起こします。たとえ明日のシフトが楽になっても、1ヶ月後の店舗運営で大きな足を引っ張る可能性が高いのです。

さて、あなたの店のスタッフの身だしなみは大丈夫でしょうか？

もう一度、しっかりと今日シフトインしているスタッフの身だしなみを見てあげてください。

大丈夫、きっとわかってくれますよ。あなたが、熱意を込めて訴えれば。

一緒に働きたい店長の習慣

身だしなみには一切妥協をしない

「ありがとう」を一番たくさん言う人になろう

「リーダーが一番感謝している」のが最高のチーム

「ありがとう。これやってくれたんだね」
「ありがとう、助かるわ」
「ありがとう。今日の笑顔よかったわよ」

この店長は、四六時中「ありがとう」を言います。1日100回以上は言います。いや1000回かも知れません。とにかく、この店で一番言うのです。接客をしているからたくさん言うのではありません。接客中の「ありがとう」は、当たり前のことです。この店長は、スタッフとの会話でも「ありがとう」をたくさん言います。それが彼女の誇りです。

スタッフは、自然と店長の真似をします。スタッフは、よいところとよくないところを区別して真似をするのではありません。何でもかんでも真似をするのです。スタッフ自身がとくに意識をしなくても、自然と店長の影響を受けてしまうのです。店長の影響力は絶大なのです。

その結果、この店のスタッフも、四六時中「ありがとう」を言っています。もう、返事が

「ありがとう」なのです。

「感謝」を語る経営者はたくさんいます。しかし、一日中、四六時中「ありがとう」を言い続けている経営者は、それほど多いわけではありません。「ありがとう」を言うチャンスのときでも、「うん!」とか「おう!」しか言わないし、なかには「……」と無言のときすらあります。これでは、有言不実行、公約不履行です。

この店長は、ただ「ありがとう」を言うのではありません。相手の名前を言って、「ありがとう」を言います。「松下さん、ありがとうございます」と。名前だけではありません。具体的な行動を示して「ありがとう」を言います。「お! ここのテーブルをかたづけてくれたんだね。ありがとう」と。

「ありがとう」という感謝の言葉には、「認める」という要素が含まれています。でも、「ほめる」ところまではまだいっていません。でも、「かなり認めて」います。しかし、部下に対しては、「ほめられる」に近い感覚で伝わります。

「ほめる」のが苦手という店長もいます。「ほめる基準」がわからなくて、言えなくなるようです。でも、「感謝」には、基準などはありません。何かしてくれたときに、必ず言えることです。

よく、何かをしてくれたり、手伝ってくれたりしたときに「ありがとう」ではなく「すみません」という言葉で感謝を伝える人がいます。しかし、これは「感謝」ではありませんよね。そんな時にも、きちんと「ありがとう」と伝えられるようにしていきましょう。

マクドナルドは、スタッフの返事が「サンキュー」です。マクドナルドで働くアルバイトスタッフは、自宅でも学校でも、何かしてもらったりすると、つい「サンキュー」と返事をしてしまいます。家族や友人からは「何それ？」と笑われますが、マクドナルドで働くアルバイトスタッフは、それが「誇り」なのです。だから、返事は必ず「サンキュー」なのです。

とんかつ新宿さぼてんにも、返事を「ありがとうございます」にしている店がありました。かつて私が、この会社で「店長塾」をしていたときに、ある店長が立てた目標が「1日100回ありがとうを言って、店内を『ありがとう』だらけにする」というものでした。彼女はそれを、今でも続けているそうです。「ありがとう」という感謝の言葉は、言う本人も、言われた相手もうれしい気持ちにさせる魔法の言葉です。

ありがとう。ありがとうございます。ほら、気持ちよくなりますよね。

一緒に働きたい店長の習慣

「すみません」ではなく「ありがとう」と言っている

スタッフのイベントを全員でお祝いしよう

誕生日・入学式・卒業式・資格試験などを記録しておこう

「Aさん、誕生日おめでとう！　いつも、一所懸命頑張ってくれてありがとう！　これは、お店からのプレゼントよ！」

この日、誕生日を迎えたバイトスタッフのAさん。そのAさんが、この日の朝礼で突然、店長からお祝いの言葉とプレゼントをもらったので、もう目を丸くしてビックリしました。そして満面に笑みを浮かべて、「うわあ～ありがとうございます。まさか、バイト先で誕生日を祝ってもらえるなんて思ってもいなかったのでビックリしました」と喜びました。そして、「うれしいです。本当に、ありがとうございます。うえええええん……」と、今度は泣き出してしまいました。

Aさんは、入社してまだ1週間。この店で誕生日を迎えるのはもちろん初めてだし、バイト期間が短いので、他のスタッフが誕生日をお祝いしてもらっているシーンも見たことはなかったのです。その初めての誕生日サプライズが自分だったので、思わず感動して泣いてしまったのです。

しかし、彼女が泣いてしまったのにはもうひとつ理由がありました。実は、彼女は今日でバイトを辞めようと思っていたのです。彼女は、この店で仕事をはじめてまだ1週間だったのですが、仕事がうまく覚えられずミスばかりしていました。そのため、「自分にはこの仕事は向いていない」と思い、今日の仕事が終わったら店長に退職する旨を伝えようと思っていたのです。

そんな日に突然の誕生日プレゼント！　彼女が泣いてしまうのも無理はありませんでした。

「みなさん、ありがとうございます。私、実は今日でこの仕事を辞めようと思っていたんです。なかなか仕事を覚えられないし、ミスばっかりするし、みなさんに迷惑ばかりかけて……でも、みなさんがいつも励ましてくれるし、やさしく教えてくれるし、本当は辞めたくなかったんです。けど、私には向いていないなと思っていたんです。そんな私に、こんなプレゼントをくれるなんて……うわああああん……」

誕生日などの個人イベントをスタッフ全員でお祝いする目的は、彼女のように自分勝手に孤独になっているスタッフに、「みんながついているよ。みんな一緒だよ」と、自分もチームの一員なんだ、仲間がいるんだ、ということを思い出させるためです。しょっちゅう個人面談をしていても、きめ細かく観察して承認のサインを送り続けていても、本音をうまく表現できずに、自分の中でどんどん落ち込んでいくスタッフはいます。

店長もスタッフ仲間もプロのコーチやカウンセラーではありませんから、そうそういつも本音を引き出すことは難しいでしょう。そういうときは、自分たちの気持ちをドンとぶつけるほうが効果的なのです。このイベントは、お祝いされる本人だけでなく、お祝いをするほうにも効果があります。だって、お祝いをするって、その人に対する想いがものすごく盛り上がりますから。

ただし、このイベントを行なうにはひとつだけ注意点があります。それは、「会社や店の仕組み」に感じさせないようにすることが大切なのです。もちろん、会社や店の仕組みとして自動的にお祝いされてもうれしいのですが、せっかくのお祝いです。もっと、社長や店長の熱い想いも一緒に届けたほうがうれしいではありませんか。

この店の店長は、そんなスタッフの気持ちもわかっているので、店長自身の手書きのメッセージを必ず添えています。さらに、スタッフリーダーからの手書きのメッセージも一緒に添えて渡しています。イベントによっては、全員がお祝いする側として、スタッフそれぞれがお祝いされるスタッフに日頃の感謝を込めたメッセージを書くこともあります。そんなときは、もう店中大騒ぎになります。これがチーム作りの土台になるのです。

後に、この新人スタッフは語っています。

「あの誕生日プレゼントがなかったら、私はあの日で辞めていたかも知れません。でも、続けてよかった。本当にうれしかったんです。だから、私も、仕事がうまく覚えられずに、私と同じ思いをしているかも知れない後輩の面倒をしっかり見ていきたいと思っています」と。

一緒に働きたい店長の習慣

個人イベントでスタッフを喜ばせるのが大好き

3日目の新人に「明日からも一緒に仕事ができますか？」と聞こう

フォローアップオリエンテーションをしよう

「はい、お疲れ様。今日で3日目ですね。よく頑張ったね。じゃあ、今日最後の質問ね。○○さん、明日からもまた、私たちと一緒にお仕事できますか？」

「はい！」

この日の店長の最後の問いかけに、新人アルバイトのKさんは元気に答えました。

意外に思われる方もいるかも知れませんが、アルバイトをはじめて3日以内に辞めてしまう人って多いのです。卒業や引越などでやむなく退職する場合を除くと、退職者の半数以上が3日以内に辞めているのです（私が過去5社のチェーン店データを調査した結果）。面接のときの「頑張るぞ」という意気込みが、たった3日間であっさりと消えてしまうのです。面接段階で「共感できる人」を選んで採用していても、最初の3日間は、新人にとっては「不安」でいっぱいの、ものすごくデリケートな3日間なのです。

なので、受け入れるほうは、全力でその新人の心理を思いやってあげないと、ちょっとしたことで、新人の心は折れてしまうのです。新人は、仕事を覚えること、人間関係になじむこと、生活リズムを作ること……これらの対応に必死です。

一方で、受け入れる側は、この3つはすでにクリアできているのです。この差は非常に大きいものです。相手軸に立っていない店長やベテランスタッフは、このデリケートな心理状態を軽く見ることがあります。新人が、元気であればあるほど、ついつい大切な心配りを忘れてしまうのです。そして、その新人が気丈であればあるほど、店長やベテランスタッフは、その「表面的な元気さ」に惑わされて、「配慮の気持ち」をなくしてしまうのです。そして、3日目の勤務を終えた後、「今日で辞めます」と突然の退職願いが出されることになるのです。

「なんか、最近の新人って根性ないよね～」

「打たれ弱いというか、何というか……ちょっと叱ったらすぐ辞めるよね……」

入店したばかりの新人がすぐに辞めてしまった後、こんな会話をしてしまうことはありませんか？　新人が早期に辞めてしまった後、店長やベテランスタッフが「新人の問題」を口にしていたら非常に危険です。たしかに、新人の側にも原因はあるでしょう。しかし、原因の大半は受け入れ側にあると考えて、その原因を改善しなければ、必ずまた同じことが起きるのです。新人の緊張状態からくる、不安感いっぱいの心理状態を片時も忘れずに配慮し続ける期間……それが最初の3日間です。新人は、この3日間で、お店の雰囲気、先輩との相性、仕事の基本中の基本、そして自分のプライベート時間とのスケジュール調整……これらを判断するのです（きっと、あなたもそうだったように）。

新人は、バイトの初日から早く職場になじもうと必死で元気を出します。しかし、心の中はドキドキドキ……店長やベテランスタッフは、この元気さに甘えずに、「気丈に振る舞っているけれど、心がドキドキガタガタなんだ」と考え、たくさん話しかけ、確認を怠らないことが大切なのです。

そして、3日目の最後の1時間を迎えるところまで来たら、仕上げは「フォローアップオリエンテーション」をしましょう。ここで、店長による面談を行ない、違和感のある部分の確認とその対処方法をアドバイスします。

もちろん、受け入れ側が修正しなくてはならないことも、ここから得られる情報を基に対応していくのです。新人が早期に辞めてしまうことを防ぐことができるのは、店長であるあなたです。あなたは、店長として新人の内心を、その表情や言動から敏感に感じ取ることが必要です。

私が店長時代に、新人の3日目のフォローアップオリエンテーションで、必ず言っていた言葉があります。

「3日間、お疲れ様でした。この3日間で私たちと一緒に働いてもいいな、と思っていただけましたか？」

さあ、あなたの店の新人さん……今日はどんな表情をしていましたか？
彼らの気持ちをぜひ聴いてあげてください。
彼らの元気な姿に惑わされないようにです。

一緒に働きたい店長の習慣

新人3日目の最後の1時間は、必ず自分が面談している

まず、このステージで「働く環境への満足感」を高めていこう

手遅れになる前に対処しよう

「店長！　休憩室のエアコンまだ修理してもらえないんですか？　暑くて暑くて休憩になりません……」

あなたが、一緒に働く仲間であるパート・アルバイトスタッフの「仕事に対する満足度」を高めていこうとするとき、最初に上るのはこの「快適な労働環境」のステージです。「働く」ということについて、あなたの店を選んだあなたのスタッフたちは、あなたが「快適な労働環境」の整備にこだわり、それを実現することで、このステージで「安心して」「快適に」仕事ができるという環境を得ることができます。それは、この章で紹介したように、とくに難しくもなく、「人を人として扱う」という大原則をシンプルに実行すればいいだけなのです。

「3Kなど存在しない、安全に安心して働ける職場」「あなたが目指す店づくりに共感するスタッフ」「一緒に働いていくうえで、大切な基本ルールをあなたが最初に説明する」「無理矢理の指示命令ではなく、なぜそれが必要かを伝え」「お祝い事は家族同然にみんなで祝福する」――こんな、ごくシンプルな原則を整えることが、店長であるあなたに課せられた最

初の仕事なのです。

あなたは「店長」として、お客様の満足度を高め、リピートしていただき、売上げを上げてその結果、利益を獲得することを求められています。それを実現するための第1歩目が、このステージに上ることです。すべては、このステージからはじまるのです。しかし、この最初のステージをないがしろにすると、この先いくら時給を上げようが、可愛いユニフォームを与えようが、目標設定を行なおうが、決してお客様にリピートしていただけるような接客を提供できるようなスタッフに育つことはありません。

冒頭で店長に訴えていたのは、ローカルの小規模な食品スーパーマーケット店のスタッフです。真夏の猛暑が続くある日、この店の従業員休憩室のエアコンが故障しました。しかし、売上状況が厳しかったそのスーパーの社長は、店長からのエアコン修理の申請を許可しませんでした。そのためスタッフは、休憩時間をエアコンの効かない暑い部屋で過ごすことになりました。スタッフも、店の苦しい売上状況は理解していたので我慢をしてはいましたが、さすがにその我慢は限界に来ていました。

ちょうどその頃、この店の店長が、私が行なっている「従業員満足度向上セミナー」を受講しました。彼はその講座を受講して、改めて自分たちが一緒に働くスタッフを大切にしていないということに心を痛めました。そして、意を決して社長に直談判をしたのです。彼は訴えました。「社長！　エアコンの修理を許可してください！　スタッフを厳しい環境に置いたままで、お客様に満足など提供できません。彼らを大切にすれば、彼らはそれをお客様に返してくれます」と。店長からの熱い訴えを聞いた社長は、その意を受けてすぐにエアコンの修理を許可しました。

しかし、この店は、ローカルの小さな商圏を相手にしている小規模店です。このことで、急にお客様のリピート率が上がるはずはありません。でも、それは当たり前なのです。勘違いしてはならないのは、まだ、このステージの段階では、スタッフの満足度が向上しても、そう簡単にはお客様のリピートには結びつかないということなのです。

ただ、スタッフは、店長が社長に直談判してくれたこと、社長がすぐに修理を許可してくれたことで、「自分たちは会社に大切にしてもらっている」ことを感じてくれました。間違いなく、この問題によるスタッフの離職については防ぐことができているのです。スタッフが我慢をしているのは、不満がないからではありません。いろいろなしがらみや立場を考えて我慢をしているだけなのです。その我慢はいずれ爆発します。しかし、爆発してからでは遅いのです。

店長の仕事は、「お客様にまた来たいと思わせる」サービスを提供できるスタッフを育てることです。そのスタッフが、「この店でもっと仕事をしたい」と思えなかったら、お客様に満足を感じていただけるようなサービスができるはずがありません。
そのためには、スタッフが「働く環境」について、「不安」「不満」「不信」を感じることがないように、「安全でストレスの少ない環境」と「人間関係」の整備に力を注ぎましょう。

一緒に働きたい店長の習慣
スタッフのためなら、社長にも直談判する

ステージ1　「快適な労働環境を作る」の習慣のまとめ

このステージ1は、店長や経営者がスタッフに「満足して働いてもらいたい」と考えるのならば、絶対に最初に解決しておかなければならない、最重要かつ最優先の項目です。この「快適な労働環境」をスキップして、他の何を改善しようとも、それはただの張りぼて、まやかしにしか過ぎません。どんな仕組みに手をかけ、お金をかけるよりも、まずはこのステージ1をクリアすることが、「従業員満足度の向上」に効果が高いということを知ってほしいのです。

▶STAGE 2

「報酬・承認」の習慣

時給を上げるだけでは「本当の満足」は得られない

実は世の中の多くの店舗が、このステージにいます。スタッフに、「時給」「金銭的報酬」「報奨」で「仕事の満足」を感じてもらおうとする段階です。1日も早くこのステージを卒業するためのキーとなるのは「承認」です。店長がスタッフに対して行なう「承認」とは、どういうものなのかを、この章で理解していきましょう。

アルバイトは時給と店舗イメージで応募するが、人間関係で離職する

「居心地がいい」環境を作ろう

「私、この店の時給が高かったのと店員さんが楽しそうに働いていたので応募を決めたんです。でも、なんだか他のバイトの人たちと仲よくなれなくって……居心地も悪いので、辞めます」

パート・アルバイトは、居心地が悪くなると辞めてしまいます。いくら時給が高く、店が素敵でユニフォームが可愛らしくても、「居心地」が悪ければ「仕事の満足度」は、簡単に崩れてしまうのです。

この「居心地」とは、その多くが「人間関係」、とくにバイト同士の関係を指しています。つまり、「居心地が悪い」とは、自分にとって「ギクシャクする」とか、「会話がうまく弾まない」とか、「イラッとする」という、微妙に嫌な感覚を感じるバイト仲間がいるということなのです。

本人が、仲間はずれになっている場合もあります。いじめのようなケースもあります。噂、陰口、皮肉、批判……バイト同士の人間関係は、店長には見えないところでいろいろとある

のです。せっかくよい人に応募してもらおうと、「お客様から見た店舗のイメージ」をよくしようとして、笑顔の接客や元気な声での挨拶など、小さな工夫を重ねていってイメージアップを図っても、バイト同士の人間関係をストレスの少ない状態に持っていかないと、何をやってもうまくいかなくなるのです。

店長がシフトに入っているときは、まだ店長のマンパワーでそれを乗り越えても、店長が会議や休みだったら……ギクシャクしているバイト同士で、積極的にお客様満足度を向上させるような行動に出ることはありません。ほとんどが、お互いを牽制し合って「何もしない」状態になってしまいます。

そんな状態で売上げが伸びるわけはありません。むしろ売上げが低下していく要因になってしまうのです。店長は、このような状態をいち早く察知してすぐに解決しないと、この「人間関係」の不満は、どんどんと増幅してしまいます。人間関係のギクシャク感・不満感は、「パート・アルバイトの仕事の満足度向上」に対する大きな障害……いや、一番の障害なのです。

大切なパート・アルバイトが「辞めます」と言ってから、「バイト間の人間関係の問題」に気がつくのは、店長として重大な失策です。ですから店長は、このような状態になる前に気がつかなければなりません。もちろん、そうならないようにすることが肝要ですが、起きてしまったギクシャク感は、逃げず騒がずごまかさず……見て見ぬふりをせず、1日も早く解決する必要があるのです。

その発見策としての基本スキルが、「承認」です。

ひとには「承認欲求」があります。誰でも認めてほしいですものね。店長は、そんなスタッフの承認欲求を、常に「観察して応える」のです。もちろん、何でもかんでも合意したり称賛したりするのではありません。「存在していること自体」「行動していること自体」「考えていること自体」「発言していること自体」を観察し、確認してあげることが大切なのです。

それが、店長がスタッフのわずかな変化を見つけるための「承認のスキル」なのです。

たとえば、朝シフトインしてきたスタッフに対して、店長は瞬時にスタッフの表情を見て、声のトーンを聴いて、服装を見ます。そして、いつもとの違いを分析しながら、「承認の言葉を含んだあいさつ」をすることで、その反応を見ることになります。くわしくは次項でお話ししますが、この「承認」のタイミングで、スタッフの様子を把握するのです。

ところで、人間関係の問題は、何もバイト同士のギクシャク感のギャップだけとは限りません。社員や店長とのギクシャク感も、深いところで進行していることがあります。ちょっとしたきつめの言葉、忙しいときのイライラした態度などは、ふだんからよい人間関係、信頼関係が構築されていたら、簡単にスルーすることができますが、それが不足しているときは、大きなダメージとなります。そして、それが積み重なり、ある日突然……「辞めます」

となるのです。

「人間関係」は、ちょっとしたコミュニケーションの行き違いで簡単に崩壊してしまいます。あなたの店に、よいイメージを持って応募してきているからこそ、それが崩れてしまったときのショックは大きいのです。それは、時給やユニフォームなどでは到底解決できないデリケートな問題です。

しかし、そんなデリケートな問題も、あなたが「承認」をするタイミングで、しっかりと観察をすれば初期段階でそれを発見することができるようになります。

この「従業員の仕事の満足　ステージ2」では、「時給やシフトの確保」に頼りがちな満足度向上策ではなく、「認められること」が、働き続けることにおいて何より大切なポイントであるということについて、事例を交えてご紹介していきたいと思います。

一緒に働きたい店長の習慣

スタッフをきめ細かく観察し、微妙な変化を見逃さない

「時給」は文句を言われてから上げてはいけない
時給を上げる基準を明確にしよう

「店長〜、私の時給って上げてくれないんですか〜？　この間オープンした駅前の店は私の時給より50円も高いんですよ〜」

とスタッフから言われると、あわてて時給を上げてしまう店長がいます。とくに、スタッフ数が不足している店の場合、そのスタッフに辞められては困るとびびっている店長は、言われるがままに時給を上げてしまいます。こんなことをしては、絶対にいけません。

不満を言ってきたスタッフに対して時給を上げていくと、他のスタッフもそれに追随するようになります。そうなると、収拾がつきません。なかには、文句を言えないスタッフもいます。そのようなスタッフは、不満を心の中に蓄積していきます。そして、陰で文句を言うようになります。

このような状況で、お客様に満足していただけるような、「また来たいね」と思えるような店になるでしょうか？　絶対になりません。だから、「文句」「不満」に対応した時給アップは、絶対にしてはならないのです。

では、時給は上げないほうがいいのでしょうか？　スタッフが、不満や文句を言ってきたら、どうすればよいのでしょうか？

さて、冒頭のようにスタッフから言われたある店長は、このスタッフに次のように対応しました。彼女は文句を言ってきたスタッフに対して、「あ、そう。新しい店の時給が魅力なら、そちらに行ってもいいのよ」と言ったのです。

言われたスタッフはビックリしました。「え？　辞めちゃってもいいんですか？」「いいわよ。時給に対する不満で、それを交渉するようなスタッフなら私は要らない。時給はあくまでも、能力に対して査定するものなのよ。能力とは、売上げに貢献できるということなの。売上げを上げないままで時給を上げていったら、結局はシフトの時間数を減らすことになるわ。つまりスタッフの収入は増えないのよ。収入を増やすには、売上げを上げることなの。そこを理解してちょうだい。それに、不満をベースにした交渉によって時給を上げたりしたら、フェアじゃなくなるわ。チームワークを乱すのなら、辞めてもらっても全然構いません」

彼女の考え方は、実にはっきりしていました。彼女の時給に対する基本方針は、「売上げに貢献できる能力を発揮していること」です。そのため、毎月きちんと、スタッフの働きぶりやパフォーマンスに対する評価をしていました。ファンを作るような元気で愛される接客をしているか？　店頭で満面の笑みを浮かべてお客様を引き込んでいるか？　もう一品のお薦めを上手に行なって単価を上げているか？　そんな様子をきちんと観察して評価しているのです。

そのうえで、そのスタッフの仕事ぶりが店の売上げに貢献していると判断したら時給を上げ、シフト時間も増やすようにしているのです。

近くに新しい店ができたり、競合店が人不足解消を狙って募集時給を上げたりすると、その情報は、必ず既存スタッフの耳に入ります。いくら店長が一所懸命に、時給ポリシーに沿ってフェアに対応していても、スタッフの気持ちは揺らぐものなのです。

しかし、それを恐れていたら、いくら時給を上げても対応などしきれません。結局は、その店の存続そのものが危うくなってしまうのです。

スタッフにとって一番のメリットは、「売上げに貢献することで時給評価を高め」「より多くのシフト時間数を獲得すること」です。店にとっては、そういうスタッフが売上げを上げてくれるのです。

「わかりました店長。もう不満は言いません。でも、時給は上げてほしいし、給料も増やしたいので、私、もっと頑張ります。そして、あの駅前の新しい店をやっつけて、うちの店の売上げを上げちゃいます！　見ていてください！　私ムチャクチャ頑張りますから!!」

スタッフに、時給の意味をキチンと伝えれば、必ずわかってくれます。あなたがほんとうにしなくてはならないのは、スタッフをトレーニングし、やる気を引き出し、お客様に満足していただき、その結果をフェアに評価することなのです。

一時的なスタッフの「文句」に負けていてはいけません！

一緒に働きたい店長の習慣
「時給」を上げるための基準が明確でフェアである

「YES」からはじめよう

「承認」をするから主体性が育つ

「お！　それ面白いね～、よし！　やってみましょう！」

「どんな意見でも決して否定をしない」という店長がいます。彼は、上司だけでなく、パート・アルバイトスタッフからの意見提案について、決して「否定」から入りません。その意見の中身が不十分であっても、完全に理解はできなくても「否定」はしないのです。

なかには、突拍子もない意見もあります。意見を言った本人ができるとは思っていない、妄想のような意見もあります。また、完全に勘違いしているような意見もあります。

しかし、そのスタッフの主体性をさらに伸ばしていく一番効果的な方法が、彼らの意見を店長が「YESと言って、まず受け止める」ことなのです。

この店長は、自分の店のサービスレベルをさらに高めたいと考えています。そのためには、もっとスタッフの主体性を引き出したいと考えているのです。だから、この店長は、スタッフの意見に対して「NO」は言いません。ニコッと笑って「やってみましょう」と言います。

しかし、相手は店長より経験も情報も権限も少ないパート・アルバイトスタッフです。そこから出てくる提案・計画が、すべて実施可能なものというわけではありません。店長は、マニュアル、そして法的なこと、モラル的なこと、ブランドイメージなどに照らし合わせて考えます。やらないですむ理由ではなく、そのアイデアを実行するためにはどうすればよいか？　を提案者と一緒に考えます。でないと、一般的には、チェーン店が持つブランドイメージや法的な規制は、結構ハードルが高いのです。

このハードルを越えられないと、徐々にスタッフは意見・提案をしなくなってしまいます。大人の事情をも越えていかないと、スタッフの主体性は引き出せないのです。

もちろん、そこまでしても実行ができないときもあります。しかし、たとえその意見提案が採用されなくても、店長が、まず真剣に受け止めて一緒に考えてくれて、さらに本社に提案までしてくれたら、決して彼らの主体性が失われることはありません。

私が、あるチェーン店でスーパーバイザーをしていたときのことをご紹介しましょう。私が担当していたある店の店長が、夏祭りで「カブトムシ」を販売したいと提案してきたのです。私は、本気で面白いと思って実施方法を探りましたが、ファーストフードの有名ナショナルチェーンだったため、真っ向から提案しても許可は出ませんでした。

結局、本社には黙って実施したのですが、このときの夏祭りを盛り上げ、企画を実行した店長とスタッフの成長を見ると、やっぱり無茶をしてでもやってよかったと思っています。

もっとも後日、この件は、本社の部長にばれて大目玉を食らいましたが。

「YESからはじめる」「NOを言わない」というのは、何でもかんでも好き勝手にさせるということではありません。店長が、彼らの主体性を失わせずにさらに成長させるには、店長自身もそれを受け止めて消化できる力量がなければならないということなのです。

スタッフの主体性とは、店長の無責任な放任主義の元で育つものではありません。しかし、店長が真剣に受け止めると、彼らはさらに真剣に工夫を重ねるようになり、レベルがどんどん上がっていくのです。それは、店長自身の成長にもつながるのです。

あなたが、さらに成長したいと思うのなら、スタッフの意見提案を真剣に受け止めましょう。彼らの無理難題、突拍子もない意見提案を歓迎しましょう。あなたも彼らも、必ず成長します。「必ず」です。

「NO」と言うのは、もっとも安易で簡単な仕事であることを意識しましょう。

一緒に働きたい店長の習慣

「YES」が口癖

「後から」話そう
「先に」話したら相手の考えは聴けない

「私は、こう思うんだけれど、あなたはどう思う？」

部下とコミュニケーションを行なう際は、「イエス・ノーで答えられる『クローズドクエスチョン』ではなく、相手の考えを引き出す『オープンクエスチョン』を使うようにしましょう」とよく言われます。

ところが、このように、まず自分の意見をさんざん言ってから、「さあ、あなたの考えを聴かせて！」と、ここでオープンクエスチョンを使う上司がいます（ご本人は、「私は部下の意見を引き出す質問をしているのよ！」とご満悦ですが……）。

部下が上司に対して、自分がどう考えているのかを話した後に、上司の考えを聴きたいと言うときは、これでも構いません。というか、むしろこのほうがいいのです。自分の意見を上司にぶつけるのですから、とても大切なことです。しかし、上司が部下にこの方法を使ってはいけません。

その理由は、部下より先に上司が自分の意見を言ってから部下に意見を求めると、よほど意識の高い部下か、よほどオープンドアの上司以外は、部下は「はい、そうですね。私もそう思います」と答えます。もしかしたら、その部下もまったく同じ意見なのかも知れません。しかし、逆にまったく違う意見であっても「はい、私もそう思います」と答える部下が大半なのです。いわゆる忖度《そんたく》ですね。

上司がどんな意見を言っても、きちんと自分の意見を言える部下は、多くても10%……いや数%でしょう（もちろん、業界や会社やメンバーによって違いますが）。先に意見を言っても部下が自由に意見を言えるような、オープンな雰囲気を作ることができる上司も、現実には10%程度でしょう。そもそも、そういうオープンな上司は、先に意見を言ったりしないものです。

先に意見を言う上司の心理（本心）は、

（1）「部下が、自分と違う意見を持っているはずがない」と思っている。
……「もちろん、君も同じ意見だよね？」

（2）「部下は、自分のように深く物事を考えてはいない」と思っている。
……「何も考えていないよね？」

（3）「部下の意見などは、聴きたくはない」と思っている。
……「意見が違っていたら、説得が面倒だから何も言わずに聴いてね！」
……「部下が、意見を持つ必要なんてないからね！」
……「部下の意見なんて、いつも間違っているもんだ！」

……「部下の意見の方がよかったら立場がない……」

などと考えているタイプが多いようです。

なかには、「お願いだから自分の意見に従って！」と内心懇願している上司もいますが、このタイプも、基本的には（3）と同じです。

（1）タイプの上司は、「ふだんから自分の考えを伝えているので理解しているはず」、つまり、「そもそも部下は上司の意見を素直に聴くもんだ」というトップダウン型の固定概念に固まっています。

（2）タイプの上司は、「部下はいつも自分では考えない」と、彼らの主体性を信じていません。

（3）タイプの上司は、「部下の方が、理にかなったよい意見を言ったら立場がない、だから何も言わなくてよいから自分の意見を聴いてほしい」なんてことも考えています。

この3つのタイプに共通しているのは、「部下のことを信頼していない」という点です。人は信頼をしていない人の話は、じっくりと聴くことができません。そのために、上記のような心理になるのです。

もちろん「先に意見を言う上司」のすべてがこのような心理で部下を信頼していないというわけではないでしょう。しかし、あなたの本音の中に、少しでも上記のような心理に似たような気持ちがある場合は、ぜひともそれを次のようにバージョンアップさせて下さい。

（1）実は、部下も（未熟かも知れないが）いろいろと考えている。

（2）自分の意見が完璧に正しいわけではない。部下の意見の中にも、自分の意見をよりよくするアイデアが潜んでいる可能性がある。それを聴かないのはもったいない。

（3）一方的に部下を説得するのではなく、部下と一緒にさらによい方法を探っていこう！

これが、「先に話をする上司から脱出する考え方」です！

お店の問題や課題は、あなたひとりで解決できるわけではありません。スタッフの力が必要なのです。あなたが、彼らの意見に対して聴く耳を持てば、彼らが意見を言いやすいように意見交換の順番を変えれば、彼らは自分達があなたから信頼されていると感じるでしょう。そしてそんな彼らは、あなたと共にお店の問題課題に全力で取り組んでくれるはずです！

きっとよい結果が生まれますよ！

一緒に働きたい店長の習慣

自分が先に話さない

「やる気の出る叱り方」を心がけよう

叱る目的は「ダメージを与える」ことではない

「叱ると、アルバイトが辞めてしまうんじゃないかと思って叱れないんです」

先日、ある店長がこうこぼしました。店長からすれば、数少ないスタッフが、叱られてショックを受けたり、すねたりして辞められてしまうと、大変なことになります。店の営業に差し支えることになったら、自分の店長としての評価も落ちてしまいます。売上不調のときならば、ただでさえ売上げが悪いのに……と上司から怒られそうです。売上好調時なら、せっかく売上げがいいのに人の扱いはできないのね……と言われそうです。

では、本当にうまくいっている店って、店長はどうしているのでしょうか。上手に叱っているのでしょうか？　それとも、叱ることはしていないのでしょうか？

この「叱ること」について、あるチェーン店のスーパーバイザーに聞いてみたところ、次のように答えてくれました。

「『叱る』のは、スタッフの気持ちが抜けてお客様に迷惑をかけているとき、危険なとき、人としてやってはいけないことをしたときに限るようにしています。私自身も、叱るのも叱られるのもうれしいほうではないので、時間に余裕があるときは、『叱る』よりも『諭す（さとす）』ように心がけています」

このように、「叱る」意識をコントロールできている人にとっては、「叱る」ことに、とくに抵抗も躊躇もないようです。しかし、「叱る」ことが怖くて仕方がない人にとっては、相手の機嫌を伺って、腫れ物に触るようなアプローチしかできなくなっています。

「叱る」のが怖い！　というタイプの方が陥っている共通点は、

①「叱る」ことと「怒る」ことの区別がついていない
②相手軸に立って「叱って」いない
③「叱る」前の準備や環境づくりができていない
④相手のやる気をなくす「叱り方」をしている
⑤「叱った」後、そのまま放置している
⑥そもそも、「叱る目的」がはっきりしていない

この6つがあります。

いくら「叱る側」が、相手のためを思って真剣に叱っても、それを相手がどう受け止めるか？　これは、「叱る準備」「叱り方」「叱った後のフォロー」がないと、まったく意図したことと違うインパクトが相手に与えられてしまいます。「どう伝えるか」ではなく、「どう伝わったか」なのです。

先ほどのスーパーバイザーは、こうも言っていました。「私は、自分が叱られるのがとても嫌なんです。だから、叱りたくはないのですが、叱らないといけないシーンもあるのです。だから、そういうときでも、相手に取っては『叱られた』という印象ではなく、『気づきを得ることができた』とポジティブに感じられるように、叱り方に気を遣っています」

叱られたスタッフが辞めてしまうのは、「感情的に叱られている」と感じるからです。さらに、「人格否定」するような叱り方をすると、「辞めろ！」と言われているようにも感じるのです。「叱る」のは「やる気」をなくさせるのが目的ではありません。

「気付き」を与え、「再起動するために何をすればよいのかを考えさせ」「やる気を引き出す」ことが、本当の目的であることを忘れてはなりません。

感情の動くままに「叱る」いや「怒って」いると、相手は気持ちが沈み、すねてしまうし、悲しくなるし、嫌になって、もう辞めよう！　と思ったりします。

さあ、「相手軸に立って」、やる気の出る「叱り達人」を目指しましょう。

一緒に働きたい店長の習慣

自分も、叱られたら嫌だという気持ちを忘れない

1回叱る前に6回ほめよう

「たくさんほめられ」ていると、「叱られても」ほめられているように感じる

「また違う！　何度言わせるんですか！」
「こら、それはそうじゃないって！　ちゃんとマニュアル通りにやりなさい！」
「なんで報告しないの？　報連相が大切って、いつも言っているでしょ！」

この店長、朝から晩までずっとスタッフを叱っています。本人に言わせると、「叱っているのではない。指導しているのです」ということなのですが、本人のそのような意図はスタッフには通じず、スタッフは「店長はいつも怒っている」「店長は24時間叱りっぱなし。噂では、寝言でも叱っているらしい」などと、冗談交じりながら、意識としては「叱られている」気持ちになっています。

店長の意図はどうあれ、一日中「叱っている」店長は、スタッフからは煙たがられます。あるいは、萎縮させてしまいます。いくらその指摘内容が正しくても、ずっと叱っているだけだと店長の意図は、スタッフには伝わらないのです。店長の仕事は、スタッフに自分の「能力」に気づかせて「その気」にさせて、さらに「やる気」を引き出すことです。

「叱る」ことで、問題点を具体的に指摘することも、気づかせる方法のひとつですが、それだけで「やる気」まで高められる人は極めてまれなのです。かなり主体性の高いスタッフばかりのチームであっても、「叱られて」ばかりでは、そのうち意欲は低下してしまうのです。

ただ、繰り返しますが、「叱る」ことで、問題点を具体的に指摘することは、手っ取り早く気づかせる非常に効率のいい方法です。なので、急ぐときとか、ポイントを押さえるときとか、ミスの内容が致命的なときとかは、「叱る」ほうがいいのです。

もちろん、いくら「叱って」正しいことを伝えたとしても「その気」にならず、「やる気」も出なければ意味がありません。結局は萎縮してしまって、主体性のないスタッフを生むだけになってしまうのです。「叱って」正しても、それは「店長の自己満足」に過ぎないのです。

では、どうすればいいのか？　簡単です。

「ほめる」ことで、「叱られた」ときの受け入れ体制を作っておけばいいのです。「ほめて」「ほめて」「ほめて」おけば、少々「叱って」も、聴く耳は萎縮しません。むしろ、「叱られる」ことが自分の成長の糧になると喜ぶようになるのです。スタッフが、自ら「自分の問題点について改善のためのアドバイス」を求めてくるようになるのです。

これは本当です。「ほめて」「ほめて」「ほめ」続ければ、必ずそうなります。

信じられませんか？　そう信じられないのは、あなたが「徹底的にほめていない」からなのです。ほめる回数が根本的に少ないのです。

では、いったい何回ほめれば、「叱り」を受け入れてくれるのでしょうか？

私の経験では、それは6回です。

部下は、ほめられると、

1回目は、「え？　ありがとうございます」と、ちょっとうれしくなります。

2回目は、「あ、これでいいのか」と自信がつきはじめます。

3回目は、「ふふふん」とちょっと天狗になります（天狗になってもいいのです）。

4回目は、「よっしゃ、自分はできる」と、図に乗りはじめます（図に乗ってもいいのです）。

5回目は、「もっとほめられたい」と欲が出てきます。

6回目は、「もっとレベルアップしたい」と、さらに欲が出ます。

これくらいの貯金をしておけば、叱っても大丈夫です。叱られても「ショック」ではなく、「ありがとうございます」になるのです。もちろん、わざわざ叱らなくても、どんどん成長してくれるのならばそれはそれでもいいのです。

まだまだ、多くの人が「ほめる効果」を信じていません。ほんの2〜3回ほめただけで、「主体性や向上心なんか生まれない」と思っているのです。はい、その通りです。ほんの2〜3回ほめただけでは、効果などはないのです。ほめて伸ばしたいのならば、6回はほめなくてはなりません。

えっ？　6回も「ほめる」のが面倒？

どうしてですか？　たった6回ですよ。6回「ほめて」おけば、その後の1回の「お叱り」は、「100回叱り続ける」よりも効果的なのです。

ほら、6回ほめるほうが楽だと思いませんか？

一緒に働きたい店長の習慣

叱りたいときは、ほめる

「謝る」のが店長の仕事だと心得よう

「部下に謝らせ」てはいけない

「このたびは、大変申し訳ございませんでした。従業員には、私が責任を持って厳しく指導いたします」

サービス対応などで、責任者である店長がお客様に謝罪することがあると思います。それは、店舗責任者である店長の仕事です。粗相をしでかしたスタッフがその場で謝るのは当然ですが、きちんと謝ったのなら、それ以上はもう、お客様の前に出すべきではありません。怒り心頭になっているお客様は、納得できずに、スタッフと一緒に謝れと言い出すかもしれません。でも、一度きちんと謝っているのなら、もうそれ以上は出してはいけません。お客様も大切ですが、あなたにとってはスタッフのほうが大切なのです。もうそれ以上、ダメージを与える必要はありません。

先日、あるホテルチェーンの社長が、料理長をテレビカメラの前に出して謝罪をさせているシーンをテレビで見ました。内容的には、料理長が説明したほうがわかりやすいという意図なのかもしれませんが、もっての外です。部下に責任を押しつけてはならないのです。その料理長の判断に問題はあったのかもしれませんが、責任は社長にあります。だから、謝るのは社長の仕事なのです。

ただし、店舗において、お客様に謝るのは店長の仕事です。なかには、「上司を出せ！」と言うお客様もいらっしゃるでしょう。しかし、あなたがしでかした粗相以外は、あなたの上司を出す必要はありません（もちろん、問題の大きさによって対処方法は違ってきますが、ここでは店舗で一般的に起こり得るクレームのシーンとご理解ください）。

店の中で起こった問題で、スタッフがお客様にご迷惑をおかけした場合は、あなたがそれに気づいた段階ですぐに引き継いでください。これに関しては、現場にあなたがいるのなら、その対応をスタッフに任せるものではありません。棚に上げても、丸投げしても、聞こえないふりをしてもいけません。

電話や店頭でお客様が苦情やクレームをおっしゃっている場合、何はともあれ、真っ先に店長であるあなたがその場所に飛んでいってください。それだけで、90％以上はその場ですぐに解決します。

スタッフは、そんなあなたの素早い対応を見ているのです。

お客様に謝る姿をスタッフにしっかりと見せる。それが、できる店長の本当のカッコイイところです。

もちろん、これはこのステージからでいいというものではありませんが、このステージで、店長が徹底して「自分が謝る」という姿勢を見せることにより、部下にもその部下に対する同じ姿勢が生まれてくるのです。

何かあったら自分も一緒に謝る覚悟ができていると、「任せる」という、人を育てるときに最も大切なプロセスを、勇気を持って行なうことができます。この「覚悟」が、部下を育てる一番必要な条件なのです。

一緒に働きたい店長の習慣

謝ることに抵抗がない

ステージ2　「報酬・承認」の習慣……まとめ

この「ステージ2」では、「時給」に対するポリシーを明確にして、スタッフへの「承認」を徹底することで、彼らに、働くことに対する「意味」「目的」「存在意義」を自覚させることが、ポイントになっています。この章でご紹介した、店長としての考え方や行動を徹底すれば、スタッフとの間に、しっかりとした「信頼関係」が生まれてきます。

そうすると、次の「ステージ3」で「目標」に対する達成感を得ることができる基盤ができ上がります。この「ステージ2」は、非常に大切な基礎なので、何度も繰り返して自然にできるようになってください。

▶STAGE 3

「目標・評価」の習慣

達成感があるから楽しく働ける

このステージは、「目標」を持ち、それを達成していくことで「評価」され、さらに「働く意欲」が向上していくという満足感を高めるプロセスがテーマです。「あなたと一緒に働けてよかったと言われる店長」が、いかにスタッフに対して「評価されること」の「達成感」を感じさせているのかについて、彼らの事例をご紹介します。

「達成感」＋「充実感」を感じる仕組みを持とう

「小さな目標」を確実に達成させよう

「おはよう！　さあ～今日の目標は何かな？」
「はい！　今日は、おすすめの成功回数をきのうの10回から11回に増やすことです！」
「おお～いいね！　がんばっていきましょう！」

たった1回だけでも昨日よりもよかったら、全面的にほめる店長がいます。彼女のポリシーは「毎日小さな達成感を持つ」ことなのです。もしかしたら、ものすごく頑張ったら、昨日よりも10回も増えるかも知れません。けれど、今日それができても明日力尽きてしまったのでは意味がありません。彼女は、今日も1回増やして明日も1回増やす、それで十分と考えています。

そういう気持ちで応援をされているスタッフは、余裕を持って毎日の目標に取り組みます。たった1回だけですから、最初は割と簡単に達成します。もちろんうれしくなります。明日への目標が活力へとつながります。ここが大切なのです。「明日もやってみよう」という気持ちを続かせることが、長期的に見ると一番効果的なのです。

この店長がやっているのは、「10秒コミュニケーション」という名称で、私が研修で店長にお勧めしている「毎朝の目標確認挨拶」です。方法は実に簡単で、仕事始めの挨拶時に「スタッフに今日取り組む目標を訊ねて、スタッフの返答に対して励ます」ただそれだけです。そして仕事終わりに、「今日の目標に対する達成度を確認する」のです。それぞれ10秒程度のコミュニケーションですが、これが実に効果的なのです。

店長から、毎日ほんの少しだけ増えていく目標へのチャレンジを応援されているスタッフは、「今日も頑張るぞ」という気持ちで仕事をはじめます。でも、残念ながら、そのうちに壁がやってきます。昔、忍者が跳躍力を鍛えるために成長の早い麻などを飛び越える修行をしたそうですが、いずれは飛び越えることのできない高さになります。人には限界があるのです。でも、毎日チャレンジを続けていけば、自分の限界はそれをしないときに比べてずっと高いものになるのです。スタッフの毎日の目標も同じです。そのうちできなくなります。でも、ここまで毎日続けていたから、限界への挑戦意欲は簡単には消えないのです。

あなたは、もしあなたの部下が、自分の限界を超えようと毎日頑張るスタッフばかりだったら、どういう気持ちになりますか？　私なら、毎日うれし涙の目で彼らを見ていると思います。もちろん私も、「負けちゃあ～おられないぞ！」と自分の限界に挑戦するようになるでしょう。そんな燃えるようなやる気のある店の売上げって……すごいことになると思いませんか？

目標を達成しない店は、この小さな目標設定をしていないのです。1ヶ月の大きな目標だけを掲げて、1ヶ月ほったらかしにするのです。年間目標でも同じです。1年の目標を365日に分解したら1日の目標はほんのわずかです。足りなかったら明日もう一度チャレンジすればいいのです。目標を達成しない店は、残り数日の時点であわてだします。なので、すぐにあきらめます。

毎日毎日、小さな達成を目指す店長は、毎日毎日が充実しています。小さなことでも喜べるように意識を持てば、できることなのです。目標はできるだけ小さく分解する。1年を365日に分ける。1ヶ月は30日に分ける。1日は営業時間に分ける。そして小さなハードルを越えたことを喜ぶ。

そうすれば、きっと大きな目標が達成できるようになります。

一緒に働きたい店長の習慣

1日2回の10秒コミュニケーションで目標確認を行なっている

「できているところ」を先に聞こう

達成感からスタートすると不足部分は自分で埋めたくなる

「今の進捗度は、ゴールに対して何％くらいだと思いますか？」

「う～ん、30％くらいですね～。全然ダメですね……」

「では、その30％は、どんなことができていますか？」


たとえ、30％しかできていないと思っても、その30％のできているところを承認され、興味を持たれ、その要因を質問されたらうれしくなりませんか？　たとえ30％しかできていなくても、その30％には苦労や工夫や努力があったはずです。そこをもう一度見つめ直すと、次に向かうエネルギーが高まります。しかし……

「今の進捗度は、ゴールに対して何％くらいだと思いますか？」

「う～ん、30％くらいですね～。全然ダメですね……」

「なぜ、まだ30％なんですか？　なぜ、残りの70％はできていないのですか？」

もし、「最初に」こう聞かれたらいかがでしょうか？

もちろん、できていない70％を分析して改善計画を考えることは重要です。しかし、いきなりこれを聞かれると、できていない部分に取り組む「エネルギー」「意欲」「モチベーション」はどうなるでしょうか？　私なら、やる気をなくします。できる方法を見つけていたとしても、やりたくなくなるのです。

あなたも、「できているところ」を聞かれたらうれしくなりませんか？　しかし、悲しいかな、人は自分がされたら本当はうれしいことを、他人にはしないことがよくあります。おかしいですよね。まずは、できている部分の分析からはじめませんか。

すると、なぜここまでできたのかを見直すことになります。そこには「実績」があります。「実績」の大小は関係がありません。たとえ1％であっても、そこを見つめ直すのです。そこには、2％にするためのヒントが隠れています。ぜひとも、その1％の中の成功のヒントを分析してみましょう。

売上分析でも同じです。「なぜ売れなかったか？」よりも、「なぜ売れたか？」をもっと分析するほうがいいのです。プロ野球の野村監督の名言に、「勝ちに不思議の勝ちあり、負けに不思議の負けなし」という言葉があります。この名言は、江戸中期の肥前国平戸藩の大名、松浦静山が書いた剣術書からの引用だそうですが、これを勘違いして、「勝ったときはその要因は分析せずに、負けたときだけ分析する」と理解している人がいます。

違うのです。野村監督は「勝ったときも負けたときも、必ずそこにつながる要因がある。

それをよく分析しよう」ということを言っているのです。

しかし、私たちはついついできていないところにばかり目が行ってしまいます。反省して、それで安心してしまうのです。できていてもできていなくても、この後は（100%ではない限り）必ず、「できるためにはどうするのか？」「次はどうするのか？」というテーマがやってきます。当たり前ですが、30%でOKではないのです。そのときは、「できていない分析」よりも「できている分析」のほうが、次につながる要素がたくさん出てきます。

たくさん出てくるのは、「エネルギー」「意欲」「モチベーション」が高まっているからです。それらをひとしきり高めてから、今度は「できていない分析」をして、不足部分を求め、停滞原因を把握し、失敗原因を反省すればいいのです。「エネルギー」「意欲」「モチベーション」が高まっていたら、この「反省」も気分低下にはつながりません。

さて、あなたは店長として、どちらの質問を先にしていますか？

そして、あなたは、上司からどちらを先に質問してほしいですか？

一緒に働きたい店長の習慣

できていないところは無視して、できているところをほめる

「部下が考える個人目標」に取り組ませよう

「やらせたいこと」の前に「やりたいこと」をさせてみよう

「なるほど、あなたは『その目標』にチャレンジしたいのね。オッケー！　じゃあ、それでいきましょう！」

この日は、スタッフの目標面談の日。この店では、毎月月初に面談を行ない、パート・アルバイトスタッフ一人ひとりが、今月はどういう課題に取り組むのかについて「個人目標」を設定しています。そして、1ヶ月経つとその目標について、どのように取り組んだか？　できたか？　できなかったか？　次月はどうやっていくのか？　について店長がフォローアップをするのです。

さて、今月のスタッフ個人目標面談を終えたA店長。少々顔が曇っていました。何か悩みがあるようです。

A店長「実は、スタッフのBさんには、改善してほしい課題があるんです。けれど、彼女は、全然違う目標をあげてくるんです。私は、彼女とのギャップが埋められなくて悩んでいます。もう、これで3ヶ月目です……」

店長は、スタッフのBさんに改善してもらいたい課題を持っていました。しかし、Bさんは、その課題には目もくれず、自分がしたいことばかりを目標にしてくるのです。スタッフの主体性を大切に思っている店長は、自分から「目標はこれにしなさい」とは言いたくありませんでした。しかし、言わないままでいたら、3ヶ月経っても、まだ店長が考える課題を改善目標にしてくれない、ということでした。

A店長「いったいどうしたらBさんは、私の考える課題を目標に置いてくれるんでしょうか？　彼女は、その課題には気がついているんです。でも、それが苦手なので避けているんです」

悩む店長に、私はアドバイスをしました。

私「なるほど。でも、私には、店長が『自己矛盾』を起こしているように感じるんだけどなあ」

A店長「え？　それは何でしょうか？」

私「店長は、スタッフに成長してほしいと考えていますよね。でも、そのための課題を、目標面談のときにしか扱えないと考えていませんか？　また、スタッフが『その気』になるような仕掛けも何もせずに、主体性、主体性と言いながら、ただ放置しているだけのようにも見えますよ。ふだんはどうしているんですか？」

店長は、私からの厳しい指摘に少したじろぎながらも、何かに気がついたような表情を見せました。
私「何か、気がつきましたか？」
A店長「はい、私は、各スタッフが主体的に提示してきた目標に取り組むことを、1ヶ月の一番重要な仕事にしていました。しかし、それ以外の、もっと優先順位の高い課題について『その気になる』ようなアプローチはしていませんでした……」
私「なるほど。ではどうしますか？」
A店長「彼女が提示している目標を早くクリアさせます。しっかりとトレーニングして目標を達成させるようにフォローします。そうして、取り組んでいる段階で、もっと認めてほめて、彼女から自信を引き出します。きっと彼女は、もっと認めてもらいたいという気持ちになるでしょう。そうしたときに、彼女がもっとよくなるためのアドバイスをします。彼女が避けている課題の克服が、とても大切なことなんだとしっかりと伝えます。彼女が、その課題を克服したいと、自ら思うように伝えたいと思います」
私「いいですね。しかし、今まで避けてきた課題にチャレンジするのはとても勇気が要ることです。その勇気は、『やれるかもしれない』と思わせることで湧いてきます。そして『やってみよう』と思わせることで、その勇気は爆発して行動につながるのです。そのためには、まず彼女が今、自分で宣言している目標について『達成できる自信』を持ってもらうことだよね。うん、いいところに気がつきましたね」

スタッフ自身も、うすうす気がついているのに、優先順位の高い項目に課題・目標を置かないのは、「自信がない」ことが原因です。そのためには、そのスタッフが「自分にもできるかもしれない」と思うように、上司がアプローチすることが必要なのです。放置していても気づいてくれません。いや、わざと避けてしまうのです。

自信は、スタッフの心の中に存在するものです。でも、それは隠れているので、自分ではなかなか気づかないのです。

店長は、その隠れている自信の頭をつまんで、ひょいと引っ張り出すのが仕事なのです。大丈夫です。スタッフも「本当はやってみたい」のです。きっかけと自信が必要なだけです。あなたが、一所懸命スタッフの成長を願えば、きっとその気持ちは伝わります。

一緒に働きたい店長の習慣

まずはやりたいことをやらせてみる

「考えるミーティング」をしよう

「聞くだけのミーティング」は時間の無駄

「さて、今日は、来月からはじまるフェアの説明をします。本社から送られてきている資料を基に説明をしますので、しっかりと聞いて理解してくださいね。ミーティングの最後には理解度を確認するテストをするからね」

店舗ミーティング、スタッフ会議、朝礼……このような集まりで、伝達事項をきちんとスタッフに伝えることはとても大切です。きちんと伝えて、きちんと理解してもらわないとフェアやキャンペーンはうまくいきません。しかし、現場のミーティングを見ていると、「一所懸命に伝えて」はいるものの、「まったく効果的ではないケース」が多く見られるのです。

実はこの店でも、フェアやキャンペーンごとに店長が、ミーティングで檄を飛ばしても、残念ながら、いつもかんばしい成績は残せなかったのです。

店長が店舗ミーティングで使う伝達資料は、本社の担当者が、かなり気を遣って作成しています。文字だけではなく、表や写真やイラストなどで、目的や手順がくわしく解説されています。

にもかかわらず、実際にフェアやキャンペーンは期待通りに成果が上がらないことがよくあります。キャンペーンがはじまってから店舗を見てみると、なぜか資料で説明したことと違った方法でしていたり、ＰＯＰが正しくセットされていなかったり、お客様への商品説明が間違っていたり……こんな悲しくなるシーンをよく見かけるのです。

なぜ、このようなことになってしまうのでしょうか？

それは、店長が「伝えるだけのミーティング」をしているからです。そんなことを言われても、伝えなきゃならないことを伝えているのに……とあなたは思うかも知れませんが、一所懸命に伝えて、短期的に彼らがそれを記憶しても、それだけでは翌日すっかり忘れてしまうのです。そのため、それを実行するときは自分勝手な記憶と判断で行なってしまうのです。

人は、誰かから指示されたことは、そんなに深くは心に刻み込みません。自ら「想う」ことでないと、真剣には取り組まないのです。フェアやキャンペーンは、本社が考えて企画したものです。ここで、すでに店舗とのギャップがあります。しかし、「お客様に喜んでいただきたいという気持ち」は、本社も店舗も同じはずです。

ですから、「同じ気持ち」をテーマにして、「どうすれば『このキャンペーンをうまく使って』お客様に喜んでいただけるか？」について、店舗スタッフでディスカッションをするのです。

そうして、本社が企画したフェアやキャンペーンを「自らお客様のために活用するフェアやキャンペーン」にしてしまうのです。自分たちで考えたものになると、誰もが真剣に取り組みます。冒頭の店長が行なっている店舗ミーティングでは、この「しなくてはならないことを伝える」ではなく、「自らの想いをかき立てる」点がまったくありませんでした。それでは、誰も真剣に取り組まないのです。

しかし、フェアやキャンペーンをうまく使って売上げを伸ばしている店長は、ミーティングではこのように言っています。「さあ、来月からはじまるキャンペーンは、とても面白いものを本社が用意してくれたわよ。でも私たちは、お客様に喜んでいただくために、この企画をもっとよいものに育てちゃいましょう！　私たちのお客様への気持ちがこのキャンペーンに乗っかれば、お客様の満足度もググーンと上がるわよ！　さあて、じゃあ、どうやったらもっと喜んでもらえるか、みんなで考えましょう！」

つまり……

「伝える工夫」以上に、「考えさせる工夫」をミーティングで行なう。

「しなくてはならないことを伝えるミーティング」ではなく、「したいようにするために気持ちをかき立てるミーティング」――この仕掛けをしてスタッフを巻き込めば、フェアやキャンペーンは必ず成功します。

ぜひ、あなたもチャレンジしてみてくださいね。

そうすれば、あなたは、スタッフの目の輝きが違ってくることに驚くことでしょう。

一緒に働きたい店長の習慣

「考えさせる」ことが何よりも大切だと考えている

「予言者」になろう

「目標」を達成させるために「秘密の作戦」を仕掛けよう

「この作戦を実行すれば必ず売上げは上がる。僕には、お客様がわんさか押し寄せてくる様子が目に浮かぶぞ～ふふふ、僕には未来が見えるのだ～」

この店長は、いつも「予言」をします。スタッフは、はじめて彼が行なった「予言」のときは、冗談だと思って笑っていたのですが、そのうち、その「予言」を聞くのが楽しみになってきたのです。それは、彼の「予言」が、毎回当たるからです。

もちろん、この「予言」。実際には、ノストラダムスのような「大予言」ではありません。彼の「予言」は、緻密に計算された「高い目標でも達成可能であると信じさせるための作戦」なのです。彼は、キャンペーンなどを行なうときに、「この環境で、この戦略で、この戦術を行なえば、こういう結果が出るだろう」と、第1目標を立てます。そして、そのうえで「ミーティングで予言を伝えること」で、スタッフを「その気」にさせて販売意欲を高め、より高い目標である第2目標を達成させているのです。

店舗が売上げを伸ばすには、まず何よりも「よい商品」が必要です。それを、ポテンシャルの高い商圏と目立つ立地で、お客様にお得感を感じさせる価格を設定し、さらにそれをサポートする販促策があれば、売上げは伸びていきます。

しかし、それを実現するには「やる気のあるスタッフ」が必要なのです。彼らのやる気が低いとせっかくの商品もお客様に満足を感じていただけるように提供することはできないのです。逆に、スタッフがそのパワーを最大限に発揮すれば、全国平均で想定する目標よりもはるかに高い売上げを達成することができるのです。彼は、そのスタッフパワーに目をつけました。

つまり彼は、この「予言」で、スタッフを「その気」にさせて、高い目標を達成させているのです。彼は、予言を実現させていきながら、スタッフに「不可能と思えるような高い目標でも、頑張れば達成できるんだ」と信じ込ませているのです。

最初は、目標自体を低めにして、「予言」を実現させます。そして、徐々に目標値をストレッチして伸ばしていきます。大切なことは、「予言を外さない」ことです。「予言」ははずれなければ、その信用度はどんどん向上します。

しかし、ただ目標を高めていっても、そのままでは目標は達成できなくなります。そのため彼は、「予言」を実現させるために、スタッフの頑張り以外のところで裏で並行作戦を行ないました。この並行作戦で目標達成をバックアップしていたのです。

たとえば、キャンペーンに合わせて、店舗の視認性を向上させるような看板を設置したり、デベロッパーの折込チラシに自店舗の宣伝を載せたり、店長自ら店頭での呼び込みをいつもよりも長く実施したり、近隣店舗とタイアップを行なったり……スタッフが取り組むキャンペーンの売上効果を高めるようなバックアップの販促策を実施したのです。

売上げを上げるためにキャンペーンやフェアを行なっても、スタッフの力が十分に発揮できなければその効果は半減します。しかし、スタッフが持っている実力を充分に発揮させることができたら、その効果は逆に倍増するのです。

そのためには、「やれるぞ」という「その気」と、「やるぞ」という「やる気」を高めなければなりません。それが、「自信」なのです。彼は、スタッフの中にある「自信」を引っ張り出すために、仕掛けを行ない「目標を達成」させているのです。そのために前面に出しているのが「予言」なのです。裏側で目標達成をバックアップしているので、並行作戦というわけです。

そのようにして、スタッフを「その気」にさせ、スタッフの中から「自信」を引っ張り出して意欲を高め、それにより「本来のチカラ」を発揮させ、より高い目標を達成させる。そうすると、再びそれが自分たちの自信となって、さらに意欲が向上する。これが、店長力の極意なのです。

さて、あなたはいかがでしょうか？　スタッフに単純にハッパをかけているだけではないでしょうか？

それでは、効果は半分です。彼のように表と裏の仕掛けを考えて、目標達成をサポートしてみましょう。達成したら、その後のスタッフの表情は見物ですよ！

一緒に働きたい店長の習慣

スタッフがうまくいくように陰で支えている

行動を「継続」させよう

「継続」は技術。「根性」ではない

「ああ～、どうせ私は三日坊主ですからね……昔から何やっても続かないんです。飽きっぽいんですよ～」

この店長は、自分で「やる」と言っていた店頭のウエルカムボードを毎日更新するという約束が、たった1ヶ月で全然しなくなってしまったことをマネジャーに指摘されてしまい、ちょっとふてくされたようにつぶやきました。

何かの本で読んだのですが、人は元来、飽きっぽいものなのだそうです。そもそも、三日坊主らしいのです。私も飽きっぽいので、その本を読んだときは、すごく納得していました。でも、仕事が三日坊主では困ります。それに、世の中には毎日毎日「継続」をしている人もいます。ちなみに、私はブログを書いているのですが、２０１２年の6月から1日も休まず書き続けています。飽きっぽくて三日坊主の私が、11年も書き続けているのです。

では、なぜ私は、11年もブログを書き続けることができているのでしょうか？　その秘訣は、３つのコツを押さえているからです。これからそれをご紹介しましょう。

ひとつ目のコツ……未来への希望を持つ

私は、10冊以上の本を書きたいと思っています。そして、たくさんの店長にその本を読んでほしいと思っています。私の本を読んだ店長は、「私にもできる」と仕事の意欲を高め、実際に本に書いてあることにチャレンジをして自信をつけるのです。

その結果、「店長の仕事って楽しい！」と思ってもらえるようになるのです。それが私の未来への希望です。

二つ目のコツ……小さな達成感を持つ

私は、10冊以上の本を書きたいと思っています。でも、200ページ10万文字の本を10冊も書くことができるかどうか自信がありません。まだ書いたことがないからです。だから、毎日毎日ブログを書いて自分の力をたしかめているのです。毎日書ければ、200ページ10万文字の本を書くことができる自信がつきます。毎日毎日、書いた後は気分爽快です。毎日の達成感は小さなものですが、集まれば本になるのです。

三つ目のコツ……ペースメーカーを持つ

私にはコーチがいます。私自身もコーチです。コーチは、「コーチにはコーチが必要であること」を知っています。

なぜならば、コーチはコーチングの有効性を実感しているからです。その人は私のコーチであり、ペースメーカーなのです。長距離を走り続けるには、脇で伴走してくれる「コーチ＝ペースメーカー」がいたほうが助かるのです。私は、自分ひとりで何でもできると思ってはいません。だから、プロのコーチのサポートを受けています。

店長も同じです。「未来への希望」を持ち、それができるとどんなに素敵かを考えます。希望は、継続のモチベーションです。「小さな達成感」を毎日毎日感じる仕組みを作る。達成感は、継続のエネルギーです。そして、それを理解してくれる「ペースメーカー」を持つ。スタッフのために、店長がペースメーカーになってもいいし、スタッフ同士でもいいのです。お互いにペースメーカーになればいいのです。

冒頭の店長は、その後、この3つのコツを使って、ウエルカムボードの更新に取り組むことにしました。彼女は、ウェルカムボードで、「自分の想い」や「スタッフの紹介」「街の人たちの紹介」をすることにしました。たくさんの人がそれを読んで、街中の話題になる未来を想像しました。すると、徐々にワクワクしてきたのです。店長は、毎日続けることで、お客様が楽しみにしてくださっていることを知りました。その反応を見るのがうれしくなりました。その結果、やる気が高まりました。

店長は、最初は自分一人でやろうと思っていました。でも、それを6人のスタッフと自分とで、毎日交代で担当することにしました。7人のチームによる相互ペースメーカーです。お互いに責任を持つようにしたのです。

継続をし続けるには、「3つのコツ」があります。一つひとつの「コツ」は、それほど難しいものではありません。でも、3つ揃わないと継続は難しくなってしまいます。でも、3つ揃えるのは簡単です。だって、「こうなったらいいな」「わあい、今日もやったら喜んでくれた」「よし、みんなでやろう！」たったこれだけです。

一人でやっていても長続きはしません。だって、あなたは、飽きっぽくて三日坊主なんでしょう？

私も同じです！

一緒に働きたい店長の習慣

「3つのコツ」を使っている

「自信」とは「調子に乗る」ことと理解しよう

自信をつけたらどんどん調子に乗らせよう

「よっしゃー、日本一!! じゃあ、次は世界一いってみよう!!」

こんな調子のいい言葉をよく叫んでいるスタッフがいます。実はこの言葉、このスタッフのオリジナルではありません。彼によると、かなり以前にテレビで明石家さんまさんが言っていた言葉らしいのです。彼が言うには、女優さんとのコントでディレクター役のさんまさんが、女優さんの気分を乗せるために言っていたセリフだということです。

このスタッフが、このように調子のいい言葉を使うようになったのには、あるきっかけがありました。決して、入社したときからのお調子者ではなかったのです。彼は、中学、高校とおとなしい性格で、人前で話したりチームを引っ張っていったりすることなど一度もありませんでした。しかし、この店で行なわれた新人の接客コンテストで、彼がトレーニングを担当した新人スタッフが、みごと優勝したことがきっかけで、人が変わったように明るくなったのです。彼は、今までのおとなしい自分のトレーニングでは、後輩のためにならないと考え、後輩を元気づけて、気持ちを乗せるために、ファンであった明石家さんまさんのコントを参考にしたのです。その結果、彼は、自分のトレーナーとしての行動に自信を持ったのです。「ステージ2」でその存在や行動を認められたスタッフは、「その気」になり「やる気」を高めていきます。そして、この「ステージ3」の各項でご紹介したように、「目標を達成して成果」を上げ「自信」を深めていきます。そして、冒頭のスタッフのように、行動が明るく元気に、そして積極的になっていきます。人はそれを、「調子に乗っている」と言うのです。

ところが、上司の中にはこの「調子に乗っている」のを快く思わない人がいるのです。なぜかと聞くと、「調子に乗ると、危なっかしいから」と言うのです。つまり、「調子に乗る」ことで、自分のコントロールからはずれてどんどんと先に進んでしまい、何をやらかすかわからなくなるからということなのです。しかしこれって、大きな間違いなのです。

部下が調子に乗ろうが乗るまいが、しっかりと見ながらフォローするという上司の仕事には何の変わりも負担増もありません。どっちにしろ、上司は部下をよく見てフォローするのが仕事なのです。ならば、調子に乗らせてガンガン進んでいくほうがよい結果を生み出すと思いませんか？

自信をつけたスタッフのその後の行動には大きく分けて2タイプあります。ひとつは、自信をつけたことがキッカケで勝手に調子に乗っていくタイプ。このタイプは、きっかけをつかむと、それまで持っていた不安感や恐怖感をすっかり忘れて、脇目も振らずに前進します。

こういうタイプについては、道を踏み外さないように、よく見ておくことが大切です。問題はもうひとつのタイプ。こちらは、せっかく自信をつけたのに、すぐに元に戻ってしまうのです。あの成果や自信は何だったんだろう？　と思うくらいすぐに、元々持っていた不安感や恐怖感がよみがえり、行動が止まってしまうのです。

このようなタイプは、本当の意味での「自信」をまだつけていないのです。だからこそ、「調子に乗らせる」バックアップが必要なのです。「調子に乗る」と、間違いなくパワーは高まります。次の成果も上げやすくなります。人はみんな「おだてりゃホイホイ」なのです。自信が引き出されたタイミングを逃さずに、一気に調子に乗らせて勢いをつけさせましょう。そうして、不安感や恐怖感に打ち勝たせるのです。もちろん、目は離せませんが。

さて、この「ステージ3」では、「目標」を達成することで「評価」され、それが「自信」につながっていくというプロセスをご紹介してきました。「自信」をつけたら、今度はそれを「自分の成長」として確実に定着させることが重要になります。

なぜならば、一時的な自信など、何かあればすぐにしぼんでしまうからです。次の章「ステージ4」では、「自分は成長しているんだ」という実感をどのようにして持たせるのか、そして、その「成長実感」を持つことでどのような効果があるのかについてお話しいたしましょう。

一緒に働きたい店長の習慣

スタッフを調子に乗らせることに注力している

ステージ3　「目標・評価」の習慣のまとめ

目標を持ち、その達成度によって評価をするという仕組みは、多くの企業やチェーン店でも取り入れられています。しかし、残念なことに「目標」を持たせることには力を入れていますが、目標に継続して取り組ませることにはあまり力を入れていないところが多いのです。年に2回の業績査定などをしていても、その直前に「目標何だったっけ？」とあわてて目標を見直したりしているのです。それでは、本当の達成感などありません。それで評価をされて時給や給料が上がっても、それはステージ2のレベルなのです。長期的な効果はありません。目標に、継続して取り組むことができるような仕組みを作り、フォローをしていくことがこのステージ3のポイントです。

▶STAGE 4

「成長・主体性」の習慣

成長を実感できるから続けられる

このステージでは、スタッフ自身が、「この店で働くことで自分がいかに成長したか」を実感することで、より高いレベルでの「満足感」につながっていくという事例を中心にお話しします。

「3人による学習」を活用しよう

新人にトレーナーをさせてみよう

「A君は、今日で3日目だね。昨日、このポジションは覚えたよね。じゃあ、A君は、今日2日目のB君にこのポジションを教えてあげてください」

私がマクドナルドの店長時代に、新店をオープンしたときのことでした。オープンから1週間経ち、他店舗からのヘルプスタッフが全員引き上げてしまった後に残されたのは、3人の社員と60人の新人アルバイト。一番ベテランのスタッフで経験は7日。さあ、その日は初めての日曜日。売上目標は100万円。今日の前にいるのは、もちろん全員が新人。そして、そんな新人だらけの店に、その日に初日を迎える新人や2日目の新人が続々とシフトインしてきました。

店の中にずらりと並んだ新人たち……正直、私の気持ちは「さあ、どうする～? 新人だらけだぞ～」と、超困惑状態でした。でも、こういうときにすぐに開き直れるのが私の「強み」。悩んでいてもお客様はやって来ます。この戦力で、最高の店舗運営をしなくてはなりません。気持ちを切り替えた私は、早速冒頭のように、次々と指示を出していったのでした。

その日一日、私が言い続けていたのは、「3日目のスタッフは2日目のスタッフを、2日目のスタッフは今日初日のスタッフの面倒を見てください！」という言葉でした。ベテランがいれば、自ずと新人教育はそのベテランの仕事になります。しかし、一番のベテランが、キャリア1週間。つまりキャリア1週間はこの店ではもう立派なベテランなのです。なので、ベテランは、年齢にかかわらず、自分よりもキャリアの浅い後輩の面倒を見なくてはならないということにしたのです。しかし、苦肉の策のこの仕組みが、結果的に、この店の新人スタッフの主体性や責任感、そして、チームワークを育てていくことになりました。

その日から、「3日目のスタッフは2日目のスタッフを、2日目のスタッフは初日のスタッフを」の合い言葉で、また、1週間前後の新人スタッフが、自主的に自分が覚えた新しいポジションを後輩たちに教えていく仕組みができ上がったのです。

数日経つと、入店は先輩だけれど、まだできないポジションがあったり、後輩だけどできるポジションがあったりというズレが生じます。でも、それもこの仕組みで簡単に解決してしまいました。入店のキャリアではなく、ポジションごとのキャリアや熟練度でスタッフはお互いをトレーニングするようになったのです。

マクドナルドには、「自分が学んだことを自分の身につけるには、それを他の人に教えればよい」という教えがあります。これを「3人による学習」といいます。このグランドオープンの店は、自然（というか、実際は無理矢理）にその仕組みを取り入れていました。そして、新人は自分たちで学び教え、成長するという理想的なトレーニングシステムができていったのです。

現在、人材育成コンサルタントの仕事をしている私のところには、「部下をトレーニングするのが難しい」とか「アルバイトがなかなか仕事を覚えてくれない」という店長や経営者からの相談が舞い込みます。でも、それは指導する側の店長に甘えがあるとしか思えないのです。

なぜならば、新人のスタッフ同士で教え合う、いや教え合わざるを得ない状態になったら、みんな必死で何とかしようとしたのです。彼らは、教え方のトレーニングも充分には受けていなかったのです。でも、何とかかんとかやっていました。

「部下を育てたい」「スタッフに成長してもらいたい」「仲間に自信をつけてもらいたい」という気持ちがあれば、新人でもベテラン並の「育成力」を発揮するものです。そして、それが彼ら自身を成長させていくのです。

あなたがもし、スタッフ育成に悩んでいるなら、あなた自身がもっと必死で部下の面倒を見ればいいのです。全員が新人……そんな状況を想像してみてください。今のほうが楽な気がしませんか？　大丈夫です。きっと、素敵なスタッフが育ちます。だって、あなたは3日目の新人よりもベテランでしょう?

一緒に働きたい店長の習慣

新人でも教えることができると信じている

「どうしたらできるか？」を聞こう

「なぜできないのか？」と聞いても、できるようにはならない

「何でできないんだ！　原因は何なんだ！　いつになったらできるんだ！」

このように、いつもスタッフに対していらだちをぶつけている店長がいました。

彼は、いつも「何でできないのか？」と、何度も何度も追求していたのです。

「なぜ？　なぜ？　なぜ？」……トヨタ自動車が実践し、有名になった問題解決方法に「なぜを5回繰り返して原因を突き止める」という方法があります。現場で起こった問題点について考えて、考えて、考え抜いていくことで真の原因を突き止めて改善を図るというすばらしい方法です。

しかし、「店」という現場では、「なぜ？　なぜ？」とパート・アルバイトのスタッフに向かって追究していっても、そううまくは問題の真の原因にはたどり着けないのです。

店長が、スタッフに対してこの「なぜ？　なぜ？」をやってしまうと、多くの場合、彼らは辞めるか、逃げるか、黙るか、ごまかすかしてしまいます。あなたの現場は、トヨタのような鍛え抜かれたプロ集団ですか？　もしそうであるならば、この「なぜなぜ5回方式」は

使えるかも知れません。しかし、まだそうではないのなら、原因の追究のためにスタッフを問い詰めても答えは出てこないのです。

冒頭の店長も、スタッフを厳しく問い詰めていました。毎日毎日、何か問題が発生すると、「何で？　どうして？」と問題を追究していました。しかし、店長の気合と期待に反して、スタッフは、「たじろぎ」「萎縮し」「後ずさり」していきました。そして、問題の真の原因を考えるよりも、言い訳や他人のせいにすることばかりを考えはじめたのです。店長が恐かったのです。

なかには、萎縮をしない気の強いスタッフもいましたが、そんな彼らさえ、しだいにその場をやり過ごす方法を考えるようになっていきました。あまりにもうるさい店長をうっとおしく感じたのです。

こんなことでは、問題の真の原因を見つけて解決することなどできません。まずは、スタッフが「解決すること」に対して、高い意欲を持てるようになることが大切なのです。店長は、問題を解決したくて、それを徹底的に追究したいのかも知れませんが、スタッフはあなたと同じではありません。立場も経験も意欲も違います。いきなり自分軸で考えるのではなく、彼らと同じステージ、つまり相手軸に立って問題解決に取り組んでいきましょう。

では、どのようにすればいいのかについてお話ししましょう。彼らには、このように問いかけていけばいいのです。
ステップ1「うまくいかなかったみたいだね」……事実を合意する
ステップ2「どうなればよかったのかな?」……ゴール、基準を再確認する
ステップ3「できている点はどこかな?」……できている点を認めて自信を持たせる
ステップ4「何があったらできそうかな?」……不足している点を見つけ出させる
ステップ5「どうすればできると思う?」……自分で方法を考えさせる
ステップ6「私がサポートできることは何かな?」……いつでも助けることを伝える
ステップ7「やれそうかな?」……決意を確認する
ステップ8「いつ解決できるだろうか?」……期日を明確にする
ステップ9「では、1週間後に確認しよう」……フォローアップのタイミングを決める
※ステップ3は、前章「ステージ3」の「できているところを先に聞こう」を参考にしてください。

このような流れで、じっくりと自分が何をすればいいのか、を自分で答えを出させることが、スタッフを主体的に動かすポイントなのです。あなたが答えを言ってはいけません。もちろん、叱っても、追及してもいけません。逃げられたら終わりなのです。

「お金があったらできます」「時間があったらできます」……なかにはこのように答えるス

タッフもいます。そんなときは、「では、お金を稼ぐ方法を考えよう」「時間を作ってみよう」と、あくまで自分で出してきた課題に自分で取り組むように仕向けていきましょう。決して、「お金があったら誰でもできるわ！」「時間なんか限られるんだ！」と、一刀両断にしてはいけません。言い訳を否定しても、心を閉ざすだけです。言い訳は自分で克服させるのです。

一時的に行動を起こさせるには、強めのプレッシャーをかければよいでしょう。恐らく短期的には効果があるかも知れません。しかし、彼らを成長させることがあなたの仕事です。成長は主体性と一対なのです。自ら動くようにすることがスタッフ育成なのです。

あきらめる必要はありません。短気を起こす必要もありません。本当の厳しさ、そして、本当の優しさとは、部下に自分で答えを出させることです。あなたが答えを言ったり問い詰めたりしても、彼らは成長しないのです。

一緒に働きたい店長の習慣

「なぜ？　なぜ？」ではなく「どうしたら？」を口癖にしている

「やる気をなくす言葉」は封印しよう

たったひと言でこれまでの努力が水の泡になる

ステージ4に到達すると、店長とスタッフの信頼関係は、かなり強固なものになっています。しかし、人はときに自分を見失うことがあります。自分で自分が見えていないのが人の常です。無意識に無神経なひと言を言ってしまい、それまで築き上げたすばらしい信頼関係を一瞬にして水の泡にしてしまう「残念なひと言」を言ってしまうのです。

前項でも「何でできないのか？」という言葉はスタッフのやる気を削いでしまうという話をしました。この項では、あなたが、部下や上司に対して、そして自分自身に対して「残念なひと言」を言ってしまわないように、私が、かつて「言ってヒンシュクを買った」、もしくは、「言われてショックを受けた」NGワードをご紹介します。ぜひとも、この言葉を紙に書いて、そして壁に貼って「絶対に言わない！」とスタッフに宣言してください。それが、あなたとスタッフとの信頼関係をより強固なものにしていくことでしょう。

×部下へのNGワード：「何回言ったらわかるんだ？」「いつも言っているだろう」「何でわからないんだ？」

これらの言葉は、いかに自分が、相手にわかりやすく納得のいく言葉で伝えていないのか、ということを自ら証明している言葉なのです。もちろん、相手、つまりスタッフのほうにも「理解力」という問題はあるでしょう。しかし、あなたは店長です。あなたのほうで、全力で相手が理解し、行動できるように伝えなくてはなりません。

◎このNGワードはこう言い換えよう

「どうも、私の説明の仕方が悪かったようだね」「私が、このことについていつも注意を促していることは伝わっているかな？」「では、説明の仕方を変えてみるね。わかりにくいところがあったら質問してください」

×部下へのNGワード：「やる気がないのか？」「まじめにやれ」

本当はやる気があって、自分なりに一所懸命にやっているつもりなのに、このように言われてしまうと、ものすごくショックを受けます。「やる気」の出し方は、人それぞれなのです。ふざけているようでも、本人はいたってまじめだったりするのです。これらの言葉は、「自分基準」で相手を判断しているときに使ってしまいます。相手軸に立って、相手を理解するように心がけましょう。

◎このNGワードはこう言い換えよう

「今、どんな気持ちで取り組んでいますか?」、「今、真剣に取り組んでいるんだね」

×部下へのNGワード:「何が言いたいの?」「意味がわからない」

相手の話を最後まで聴けないときに、この言葉が出てきます。こういう言葉が出るときは、スタッフが話をしはじめたときから、もうすでに「イライラモード」に入っています。あなたは、きっとそのスタッフの話が長くてバラバラで何を言おうとしているのかがわからないのでしょう。しかし、よく考えてみてください。スタッフはそうなってしまうほどの気持ちに追い込まれているのです。その気持ちを理解するのが店長の役目です。スタッフに対してあなたの顔と身体の正面を向けて、真剣に話を聴く。それがあなたの取るべき姿勢です。

◎このNGワードはこう言い換えよう

「あなたの言いたいことはこういうことかな?」、「大丈夫。最後まで聞くから話したいだけ話していいよ」

×部下へのNGワード:「わかったか?」

この言葉は、典型的な「クローズドクエスチョン」、つまり、相手に「はい」「いいえ」で答えを求める質問です。もちろん、このクローズドクエスチョンがすべていけないというわけではありません。相手に合意を求めるときには、この質問は有効です。しかし、多くの場合は「オープンクエスチョン」、つまり、相手の考えを聞く質問をしたほうが、相手がどのように理解しているか、どのような考えをしているかを把握しやすいのです。「はい」「いいえ」で聞くと、相手が萎縮してしまっているときは、とりあえず「はい」と答えてしまうのです。

◎このNGワードはこう言い換えよう

「あなたは、どう考えていますか？」「あなたの考えを聴かせてください」

×部下へのNGワード：「感謝がない」「関心がない」

これは、相手が部下であっても、とても失礼な言い方です。相手の気持ちを勝手に決めつけているからです。たしかに、相手の行動や言葉があなたをそのような気持ちにさせたのかも知れません。しかし、本心がそうであるかどうかはわからないのです。あなたが感じたことを、相手の考えのように決めつけることは、たとえ上司であってもしてはならないのです。この言葉は、上司や同僚に対する陰口としても使われます。要注意言葉です。

◎このNGワードはこう言い換えよう

「してあげたことは忘れなさい。しかし、してもらったことへの感謝の気持ちは忘れてはいけないよ」「私には、あなたがこのことに関心が薄いように感じるのだけれど、どうなのかな？」

×部下へのNGワード：「いいからやれ」「やればわかる」「意見はやってから言え」

これは、相手には考える必要はないし、目的や理由を理解する必要もない、四の五の言わずに、黙って言うことを聞け！　と命令しているのです。緊急事態のときはこういう言い方が必要なときもあるでしょう。しかし、平常時にこれを言うと、相手は自分が「考えのある一人の人間」として認めてもらっていないように感じます。この非承認言葉は、スタッフの意欲を完全に削いでしまう最悪の言葉です。この言葉を言われたスタッフは、ひとまずあなたの言うことをしますが、もう嫌々やっているのです。さて、どんな結果になるでしょう。

◎このNGワードはこう言い換えよう

「今から、なぜこのことをやってほしいのかについて、目的を説明するね」

×上司へのNGワード：「どうしてもできません」

部下として、上司に言い訳をするときもあるでしょう。その典型的な言葉がこれです。本当にこの言葉を使ってよいときは、「自分にはこの仕事を完成させる能力はありません」と宣言したいときと、「考えられる限りすべてをやり尽くした。もうこれ以上はやりようがない」という最終段階を迎えたときです。

いずれにしても、最後の最後にしか使えないはずの言葉です。そこまでは言っていないにもかかわらず、この言葉を使うときは、「手を尽くしたように勘違いしてほしい」というよこしまな気持ちがあるときです。ですから、これはとても恥ずかしい言葉なのです。

◎このNGワードはこう言い換えよう

「考えられることはやってみたのですが」「今の時点ではここまでしかできません」

×上司へのNGワード：「仕方がないと思います」

これは、「自分は、あきらめてはいないんだけれど、これ以上は難しい」というニュアンスがあり、相手に先にあきらめてほしいときに使う言葉です。つまり本心は、「もう無理」「あきらめたい」「もうこれ以上傷つきたくない」「面倒くさい」「自信がない」というような気持ちです。ちょっと演技っぽい言葉ですから、使ってはいけません。

◎このNGワードはこう言い換えよう

「申し訳ありません。悔しいのでもう一度別の方法にチャレンジさせてください」

つまり、「仕方がない」とあきらめるのではなく、再チャレンジを申し出るのが「できる店長」なのです。

×上司へのNGワード：「いつも言っているんですけど」

これは、部下に対する「いつも言っているだろう」と同じ意味です。つまり、「自分には相手を納得させて動かす力はありません」と降参している言葉なのです。そんなつもりではないのなら、絶対に使ってはいけません。私は、かつてスーパーバイザーをしていたとき、上司から「絶対に使ってはいけない言葉」として厳しく使用を禁止されました。

◎このNGワードはこう言い換えよう

「理解して納得して行動してくれるまで言い方を工夫し続けます」

「私の伝え方が不十分でした」

×上司へのNGワード：「とりあえず」

ついつい使ってしまって、相手から「いい加減な人」と思われてしまうのがこの言葉です。この言葉が相手に与える印象は「まあ、どうなるかわからないけれど、やってみてダメだったらゴメンね」という感じです。「まずはやってみよう」というチャレンジ意欲あふれるときに使う場合には適していません。

◎このNGワードはこう言い換えよう

「ひとまず」……よく似た言葉ですが、少しいい加減さは減少します。

×上司へのNGワード：「難しい」

このような言葉を、「思考停止言葉」と言います。思考そのものを止めてしまう効果が高いのです。なので、この言葉を発した後は、何も考えずにじっとしてしまうことになります。この言葉は、部下に対しても使われるケースがあります。この言葉を言う人は、「仕方がない」と同じように、「相手にそれ以上高い要求をしてほしくない」という隠れた本音があります。ついつい言ってしまうこれらの言葉、封印するのはなかなか「難しい」ですが、少なくとも言った瞬間に、「しまった」と思って思考停止機能を働かせないように注意しましょう。

◎このNGワードはこう言い換えよう

「難易度は高いがチャレンジしてみよう」「ハードルが高いが越えられないことはない」

×自分へのNG：「評価してくれない」

「〜してくれない」という言葉は、相手に依存した他責言葉です。他にも「見てくれない」「認めてくれない」「ほめてくれない」「決裁してくれない」などがあります。いずれも、自分の努力を放棄した言葉なので、聞くに堪えません。

◎このNGワードはこう言い換えよう

「もっと評価してもらえるように伝え方を工夫しよう」「上司が納得できるように成果を数字で表わそう」

×自分へのNGワード：「つまらない」「楽しくない」「面白くない」

これは、解説が不要な言葉です。このようなネガティブな言葉には、負のエネルギーがあります。負のエネルギーの伝染力は、ポジティブな正のエネルギーに比べて何倍もの力があるのです。店長が使えば使うほど、その店にはネガティブなエネルギーが充満します。そんな店では、お客様に「また来たい」などと思ってもらえるわけがありません。店長には、努めてポジティブな言葉を使うように心がけてほしいのです。どんなネガティブな言葉も、視点を変えればすべてポジティブな言葉にすることができるのです。

◎このNGワードはこう言い換えよう

「改善の余地がある」「基準が高い」「もっと面白くできる」

一緒に働きたい店長の習慣

ネガティブ言葉をポジティブ言葉に置き換えている

「失敗」をほめよう

チャレンジ精神は、「失敗」をほめることでしか生まれない

「店長、すみません……今日のランチタイムでホールが混乱したのは私の判断ミスです」

「いや！　よくやった！　Bさんに新しいポジションを任せてみたんだろう？　ナイスチャレンジだよ！　ちゃんと後半よくリカバリーさせていたしね。大丈夫、明日はきっとうまくいくよ！」

この日のランチタイム。店長がキッチンを担当するため、スタッフリーダーがホールの責任者を務めました。ホールを任せられたスタッフリーダーのAさんは、まだキャリアの浅いBさんを成長させようと、思い切って新しいポジションにチャレンジさせようとしたのですが、Bさんは、慣れないポジションにまごついた結果、この日のランチタイムはドタバタの2時間となってしまったのです。そして、ランチタイムが終わった後、リーダーのAさんは、店長に謝罪したのでした。

しかし店長は、後輩を成長させようとチャレンジをしたBさんをほめました。そして、判断ミスとフォローアップ不足については、一切責めることがなかったのです。店長は、ラン

チタイム後半の彼の行動を見て、次回は今日の反省を活かすだろうと確信していたのです。反省し、次回への対策を考えている部下に対して責任を追究すると、かえってやる気をなくしてしまいます。そればかりか、チャレンジしようとする意欲さえも奪ってしまうことになりかねません。

世の多くの経営者が、「うちの社員には、チャレンジ精神というものがない。失敗を恐れずやってみようという気概が感じられないんですよ」と言っているのをよく聞きます。でも、このチャレンジ精神を封じ込めているのは、他ならない経営者自身なのです。社員が「失敗を恐れる」のは、失敗したときのリスクを考えるからです。

そのリスクは、かつてチャレンジした自分や仲間が「失敗したときに」どのような評価（仕打ち？）を受けたかという経験に基づいています。チャレンジしない社員は、上司や経営者のかつての態度から判断して、自分の身の安全を図っているに過ぎないのです。

実は冒頭の店長も、かつてはミスをした部下をきつく叱っていました。スタッフのためと思っての叱咤のつもりでしたが、スタッフは彼の想いとは裏腹に、しだいにチャレンジをしなくなっていったのです。そんな彼を現在のように進化させたのは、ある偉人の名言を知ったからでした。

「人は努力するほど、間違いを犯すものである」（ゲーテ）

「優れている人ほど、数えきれない間違いを犯す」（ピーター・ドラッカー）

この店長は、インターネットやビジネス書などで「名言」をよく読んでいました。そこで見つけたのがこの言葉だったのです。

彼は、尊敬する自分のかつての上司を思い出しました。自分が今あるのは、未熟な自分が何度ミスをしても、上司が何度も何度もチャレンジをさせてくれたからだったこと。そのときに上司は、ミスを責めずにチャレンジをほめてくれたこと、そのお陰で「今度はこうしよう」「ここを工夫してみよう」と、反省と分析と対策を考えることができたこと。そんなことを思い出したのです。

今、成果を出して、責任あるポジションを獲得している人は、少なからずそのような経験があるはずなのです。でも、いざ自分が部下を持つと、その部下のミスを責め、チャレンジ意欲を押さえ込んでしまいます。これは、結局自分の身を守っているだけなのです。

どんな人でも、その成長のプロセスには、必ず「チャレンジ」があります。それなくして成長した人はいないのです。部下を成長させること。それが上司の仕事なら、部下のチャレンジ意欲をもっともっと向上させていきたいものです。

さて、あなたの部下は、今日もチャレンジしていますか？　もし、チャレンジしていないようだったら……その原因はあなた自身にあるのかも知れません。

一緒に働きたい店長の習慣

失敗はチャレンジの成果であると信じている

「今日は昨日と同じではない」ことを発見しよう

成長発見ゲームで充実感を高めよう

「ふう～、今日もまた昨日と同じ日の繰り返しですよね……お店を開けて、ご注文を聞いて、お代をいただいて……」

私がスーパーバイザーのときに部下である店長が、ふとこのようなことを言いました。

しかし、それは全然違います！　たしかに同じように見えますが、今日は昨日とまったく違うのです。彼は、そのことに気がついていませんでした。

でも、店で仕事をしていると、ふとそんな気持ちになることがあります。私も店長時代、冬のオープンシフト（朝6時からの勤務）のときにそんな気分になることがよくありました。まだ真っ暗な空、ヒンヤリとした空気、人影は新聞配達のお兄さんだけ。店に向かって車を走らせ、途中でコンビニに寄って、その日の昼ご飯に食べる弁当を買って、また車で店に向かう……毎日がいつも同じことの繰り返しのような気がしていました。

そんな私に、「そうじゃないよ。今日は昨日とは違うんだよ」と教えてくれる出来事がありました。

その日も、いつもの常連さんが来店されました。そのお客様は、毎日毎日、ホットコーヒーとホットケーキを買って、いつもの窓際の席で、新聞片手にゆっくり時間を過ごされています。でも、その日は、昨日と同じではありませんでした。いつもはホットケーキを注文されるお客様が、「今日は気分を変えてエッグマックマフィンにしようかな」と言われたのです。「あ、今日は昨日とは違う！」そう思った瞬間でした。よく見ると新聞も昨日のものではなく、今朝の新聞です。座る席は同じですが、服装は昨日とは違っていました。よく見ると、昨日とは少しだけ違うところがあるのです。そんな当たり前のことに、ようやく気がついた、小さくても大切な出来事でした。

さて、冒頭の言葉を言った店長も、単調な毎日がつまらなく感じていました。そのせいか、少しダラダラとした仕事ぶりになっていました。仕事をダラダラとすると、何事もうまくいかなくなります。スタッフの動きも緩慢になり、お客様の満足度も低下します。その結果、店の業績も低下しはじめていったのです。

しかし、彼に「毎日が同じはずがないだろう。そんな気分で仕事しているからダラダラしてしまうんだ！　シャキッとしろ！」と説教しても、彼にとっては、その刺激は私が目の前にいるときだけの一時的なものでしかありません。毎日の変化は、自分で感じ取り、今度はそれを自分で起こせるようにならない限り、「本当の成長」には結びつかないのです。

そこで、私は彼に「あるゲーム」をしてもらうことにしました。彼に毎日、少しだけ変化を楽しむクセをつけてもらおうと思ったのです。そのゲームのルールは、その日仕事をするスタッフ全員参加で、昨日と違う「スタッフの誰かが意図的に変えたもの」を発見し、ボードにそれを書き込むというものです。名づけて「変化発見ゲーム」と言います。

これは、自分以外のスタッフの変化をたくさん発見した人、昨日との違いにたくさんチャレンジした人が表彰される仕組みです。昨日との違いは、「主体的」なものに限るようにしました。お客様は違うし、新聞も違うし、天候も違います。そんなことまで対象にすると、「主体的」ではなくなります。この目的は、「自分が意図を持って変えようとすること」、そして「それを発見する観察力の向上」なのです。

このゲームは、予想以上に盛り上がりました。化粧・服装・髪型を変えるという簡単なことからはじまり、厨房のレイアウト、客席の花の場所、トイレの芳香剤、お客様との会話の仕方まで、どんどん高度に変化していきました。

そしてついには、「スタッフのスキルの向上」も「変化」として捉えられるようになったのです。こうなると、店長はダラダラしていられません。自分も観察されているため、緊張と刺激に満ちた毎日を過ごすようになったのです。

この「変化発見ゲーム」は、その後「成長発見ゲーム」と名前を変えて続けられました。

店長自らが、「『変化』とは『成長』のことですよね、だったら『成長発見ゲーム』にしたほうが、成長の充実感も味わえるような気がするんです」と言いはじめたからです。毎日毎日同じことを繰り返しているような気になって、ダラダラ仕事をしていた店長と同一人物とは思えないほどの成長ぶりでした。

この「成長発見ゲーム」にかかるコストは0円です。でも、効果は絶大です。とても面白いので、ちょっと試してみてはいかがでしょうか。スタッフからの視線が刺激的です。

一緒に働きたい店長の習慣

小さな成長・変化を発見することを楽しんでいる

店長が急病で入院。さあどうする!?

緊急事態に一致団結して危機を乗り越えたスタッフ

「たいへんです。店長が十二指腸潰瘍で緊急入院することになったんです!」

店長からの電話を受けたスタッフは、震える手で、その電話をスタッフリーダーのAさんに渡しました。

「えぇっ?……お電話代わりました。Aです。店長大丈夫ですか?……はい、じゃあ、3週間は出勤できないんですね。わかりました。店のほうは大丈夫です。僕たちが何とかしますから、店長は治療に専念してください。……いえ、心配ありません。任せてください」と言いながら、スタッフリーダーのAさんは、電話を切りました。

「さてと、店長は、3週間は店に来られないぞ。その間は僕たちだけで何とかするんだ。復帰してもしばらくはきついだろうから、まあ、最低1ヶ月は店長抜きでこの店を営業する覚悟でやらなきゃな。まずは、緊急ミーティングだな。Bさん、今晩閉店後に、スタッフ全員を事務所に集めてくれ。一人残らず全員だ。頼んだよ。僕はエリアマネジャーに電話をして、指示を仰ぐから」

緊急入院となった店長は、30歳独身。不規則な生活と食習慣、そして、年末の寒い日に体調を崩したまま、休みも取らずに勤務を続けた無理がたたったのでしょう。その日の朝、お腹の痛みがあまりにひどいので、病院に行ったのでした。診察結果は「十二指腸潰瘍」。手術はしなくてもすみましたが、それでも入院と自宅療養で1ヶ月は仕事をしてはいけないと言われたのです。

この店長が責任者をしているレストランは、東北のある駅ビルの地下にあります。スタッフは全員で20名。店長以外は全員、パート・アルバイトです。店長と電話で話していたスタッフリーダーのAさんは、25歳のフリーター。この会社に入社を目指しているだけあって、責任感もあり、しっかりした人物です。しかし、立場はあくまでもアルバイト。すぐに店長の代わりができるような経験も教育も受けてはいませんでした。

そのため、まずはこの店舗を担当している本社のマネジャーに電話をして指示を仰いだのです。しかし、そのマネジャーの指示は、Aさんにとってこのうえなく厳しいものでした。

「A君、私もさっき店長から電話があって、入院の件を聞きました。それで、本当はすぐにでも飛んでいってあげたいんだけれど、私のほうも東京で新店がオープンしたので、もうてんやわんやなんだ。そっちは君に任せるから何とかしてくれないか？　本当にゴメン」

店長が入院する前から、東京の新店オープンの件は知っていたので、マネジャーからどのような返事が来るかは、おおよそ予想していましたが、それにしても厳しい言葉でした。本社から遠く350㎞離れた店を、20人のパート・アルバイトだけで1ヶ月間運営しろというのです。

しかも、新店オープンがあるため、ヘルプのスタッフを借りることもできないのです。マネジャーとの電話を終えたAさんは、電話を切ったときにはもう腹をくくっていました。

「僕たちだけでやるしかない。店長が倒れたのも、年末年始に休みなく働いていたからなんだ。今度は僕たちが店長を休ませる番だ。スタッフ全員で乗り切ろう！」

その日の夜、彼は緊急招集した全スタッフに、この緊急事態の詳細とそれに立ち向かう覚悟を伝えました。リーダーの覚悟は、スタッフ同士の日頃のコミュニケーションのよさもあって、全員の気持ちをひとつにしました。

その結果、1ヶ月間の店長のシフトはスタッフで埋まりました。さらに店長の代わりをするリーダーの負担を少しでも軽減させるために、発注や販促活動など、今まで担当がなかったスタッフも協力して、数多くの店長業務を振り分けました。

さて、この緊急事態に強いチームワークで乗り切ろうとした彼らですが、実は、ほんの半年前までは、彼らは、店長に対する「不満」が大きく、やる気も低い状態でした。その時期に実施した「従業員満足度調査」の結果も散々なものでした。全員が、今すぐにでも辞めてしまいそうな最低評価だったのです。その主な原因は、「店長自身」にありました。しかし、店長はサボったり、ネガティブだったり、横暴だったわけではありません。

店長は本当に、朝から晩まで一所懸命に働いていました。スタッフは、店長が一所懸命なのはわかっていましたが、店長がいったい何をしようとしているのか、何を言っているのか、指示の目的は何なのか、ということがまったくわからなかったのです。

つまり、「店長一人空回り状態」だったのです。「店長の説明力のなさと独りよがり」、それが原因で「不満」が大きくなっていたのです。

この「従業員満足度調査」の結果を受けて、店長の改心と改善がはじまりました。元々、責任感の高さと伝えることが苦手な性格であるが故に、つい何でも自分一人で決めてやっていたのですが、それをスタッフと共に運営していくようにしたのです。

半年間、店長は徹底的にスタッフの話を聴き、スタッフに説明し、スタッフと共に行動しました。説明力や聴く力は簡単には向上しませんでしたが、質の低さは量でカバーしたのです。お陰で、スタッフのやる気は徐々に向上し、店は忙しくなり、売上げはオープン以来の新記録を更新し続けるようになりました。

そして、その忙しさのピークが来たのが、その年の年末年始。店長は、何とかここを乗り切ろうと、風邪をこじらせたまま無理をして働き続け、ついにダウンしてしまったのです。

しかし、スタッフは、もう半年前の不満だらけでやる気のない状態ではありませんでした。スタッフリーダーと共に一致団結して、この危機に全員が全力で対応したのです。しかも、1ヶ月間、店長の留守を守ったスタッフチームは、それまでの半年間、順調に伸ばしてきた売上げをまったく下げることがなかったのです。

このようにして、この店のスタッフは、今回の経験を通じて自分たちの「成長」を肌身で感じることができました。これで、「ステージ4」は卒業です。もちろん、すべての店が、彼らのような緊急事態を経験するわけではないし、それを経験しなければ、「ステージ4」を卒業できないわけでもありません。

このステージを卒業する条件は、「成長を実感すること」であり、それにより「自信」を深めることなのです。店長であるあなたは、スタッフに「自分が成長したこと」を感じさせる「発言」や「行動」をぜひ心がけていただきたいのです。

さて、この緊急事態に際してスタッフをまとめ上げたリーダーのAさんですが、その後、正社員としてこの会社に採用され、数ヶ月後、新店オープンを担当するために札幌に異動した前任店長の後を継いで、この店の店長に昇格しました。後日、彼は、そのときのことを振り返ってこう話してくれました。「あの1ヶ月は、本当に無我夢中でした。しかし、店長がずっとやっていた、『スタッフの話を真剣に聴いて、スタッフと一緒に真剣に動く』ということ。

僕は、それをそのまま真似をしただけです。もちろん、今も店長として、あのときと同じようにやっているつもりです」と。このように、店長の真摯な行動はスタッフの手本となるのです。

一緒に働きたい店長の習慣
スタッフを心から信じている

ステージ4　「成長」の習慣のまとめ

「成長」は、チャレンジをしてそれを達成することで「自覚」することができます。店長は、それを意図的に仕掛けて、スタッフにたくさんの経験をさせると、彼らは急激に成長していきます。しかし、その成長を止めてしまう悪魔の言葉を浴びせかけてしまう恐ろしい店長もいるのです。

あなたが、スタッフをもっと成長させたいと思うのなら、悪魔の言葉（ネガティブな言葉）を封印し、彼らにたくさんのチャンスを与え、ほめまくりましょう。そうすると、成長した彼らはあなたを助けてくれるようになるのです。

▶STAGE 5

「貢献・責任」の習慣

貢献している自覚があるからプライドが生まれる

前章までのステージでは、店長はスタッフに対して、自分の仕事や発言、行動を承認し、評価させることで、成長を感じさせてきました。このステージからは、今度は、スタッフに対して「自分軸」から「相手軸」に視野を広げていくことを意識します。その結果、スタッフは、自分が店や仲間や地域に「貢献していること」を認識し、「自分の存在価値」に気づき、「自分の役割」を自覚していくという段階に入ることになります。

ステージ４までは「自分軸」でも何とかなる

ステージ5からは、徹底的に「相手軸」を意識しよう

「あなたの発言や行動が、まわりの人にどのように影響しているのかを意識してみて。まわりの人があなたをどのように見ているのか、ということを感じ取ってほしいのよ」

店長は、スタッフのAさんに優しく微笑みながらこう伝えました。この日は、月に1度のスタッフ面談の日。店長は最近、「自分はものすごく頑張っているのに、まわりのスタッフが同じように頑張ってくれない」と不満を言ってイライラしている、スタッフリーダーのAさんのことが気になっていました。

Aさん「ええ～、きっと私のことを嫌っていると思います。だって、いつもイライラしてガミガミ怒っているから……」

店長「そうなのかな？　じゃあ、わかった。みんながどう思っているのかを聞いてみようよ」

さっそく店長は、休憩室にいたスタッフ数人に、Aさんについて聞いてみました。もちろん、Aさんも一緒です。

店長「ねえ、みんな。最近のAさんの様子についてどう思ってる？」

スタッフBさん「え？　Aさんの前で言うのは言いにくいんですけど。私は、『申し訳ないな』と思っています。だって、ランチタイムはいつもAさんが一所懸命頑張っているのに、私が鈍くさいからお客様を待たせてしまうし、この前はオーダーミスをしてお客様を怒らせてしまうし……でも、そのお客様に謝ってくれたのはAさんだし、もっとレベルを上げて、Aさんの期待に応えたいなと思っています」

スタッフCさん「私も同じですね。たしかに最近のAさんは、ちょっとイライラされているように感じるけれど、その原因は、Aさんのようにできていない自分にあるんだし、自分さえもっとしっかりしていたら、もっとお客様に喜んでもらえて、Aさんにも喜んでもらえるのにな……と思っています」

店長と一緒に店長室に戻ったAさんの目は赤くなっていました。

店長「どう、わかった？　Aさんの頑張りは、みんなの尊敬を集めているのよ」

Aさん「はい、私は、頑張っているのは自分だけだと思っていました。でも、みんなも一所懸命なんですよね」

店長「そのとおり。そして、それはあなたの頑張りが手本になっているのよ。あなたは、たくさんのよい影響を後輩たちに与えているの。今日からは、それをしっかりと意識して仕事をしてほしいのよ」

Aさん「わかりました。彼女たちの気持ちをちゃんと理解したうえで、彼女たちのレベルがもっと上がるように、ビシビシしごいていきます。気持ちがわかったからと言って、生ぬるくはできませんからね」

店長「それでいいのよ。あなたが、自分は手本になっているんだということを自覚してくれれば、後はうまくいくわ」

自分の頑張り、自分の成長を感じてきたステージ4までと違い、このステージに到達すると、自分がまわりに与えている影響、つまり「貢献」を認識し、その結果、自分がどういう役割を期待されているのかに気づき、さらにそれを常に自覚するようになります。私は、この「自覚」こそが「責任感」そのものなのだと思っています。

その責任感は、あなたを、「自分がどのように振る舞うことが大切なのか」「どのような発言が、どのように相手に影響を与えるのか」ということを四六時中考え続ける店長に成長させることになります。この本の「はじめに」や「プロローグ」で、店長自身が手本、見本になろう，スタッフは店長を見ているし、店長の真似をすると書きました。その意味は、この「役割の自覚」「責任感」の大切さを知ろうということを言っていたのです。

あなたとスタッフの全員が「相手軸」に立つようになれば、もう人間関係の悩みで店を去っていく人はいなくなります。この後のステージ5、ステージ6の章でそれがどんな店なのかをご紹介しましょう。

一緒に働きたい店長の習慣

スタッフに「相手軸」に立たせるきっかけを与えている

「あなたが必要です」

スタッフには、ハッキリとその存在の大切さを伝えよう

「Aさん、いつもありがとう。あなたの笑顔のお陰で、お店の評判がどんどんよくなっているわ」

「Bさん、あなたが毎日描いてくれる店頭の黒板POPを見て、お店に入ってくるお客様が増えているわ。ありがとう」

「Cさん、あなたのリーダーシップは、ランチタイムのスタッフの動きを素早く正確にしてくれているわ。ありがとう」

「あなたは、この店の戦力としてどうしても必要です。これからもしっかりと貢献をしていただきたいのです」

秋から冬になると、プロ野球の契約更改の話題が新聞を賑わせます。大活躍した選手が、高額年棒で更改したという話題もあれば、戦力外通告をされて、自由契約とか、引退という寂しい話題もまた少なくないのがこの季節です。

しかし、なかには明らかにコミュニケーションの間違いが原因で他球団に移籍をしてしま

う選手もいるようです。悲しい行き違いですが、その原因は、「あなたはうちの重要な戦力として必要である」ということを、言葉と報酬で評価してないことが背景にあるようです。

実は、これとまったく同じことが店舗の現場でも起こっています。私が店長をしていた、今から30年ほど前のある寒い日でした。昨日まで元気に仕事をしていたアルバイトスタッフが、突然、「店長、辞めさせていただきます」と言いに来たのです。彼女は、私の右腕としてお店を仕切っていた非常に優秀なアルバイトリーダーでした。

「え？」

私は、一瞬彼女が何を言っているのかわかりませんでした。「何で？」「どうして？」「何があったの？」……私の頭の中はパニックになっていました。私は彼女に、「なぜ辞めたいのか？」と聞きました。彼女の口から出た言葉は、私がまったく予想もしていない理由でした。

彼女は……「私は、この店に必要とされていないんです。私なんかいなくてもこの店は大丈夫なんです。だからもう辞めます」と。再び、私は意味がわからなくなり大混乱……。

私は、「そんなことはない。あなたほど重要なスタッフは他にはいない」と伝えましたが、時すでに遅し……彼女は、その日で店を去っていきました。

私に原因があったことを知ったのは、後に彼女の友人が、私に彼女の心情をこっそりと教えてくれたときでした。当時私は、彼女が毎日毎日、非常に高いレベルの仕事をしていたことに対して感謝し、評価していました。しかし、それは、私の心の中でのことでした。彼女には、それを伝えていませんでした。いつも一緒に仕事をしているので、そんなことは言わなくてもわかっているだろうと思っていたのです。いや、正直に言うと、そんなこともわざわざ思わないくらい、彼女が私の店で高いレベルの仕事を続けるのは、当たり前のような気になっていたのです。

しかし、彼女は、私に「言葉で認められたい」「言葉で必要だと言われたい」と思っていたのでした。ダメ店長の私はまったくそのことに気づいていませんでした。そのため、彼女には仕事で高度な要求はするものの、感謝も信頼も必要とする言葉もまったくかけていなかったのです。

よく恋愛ドラマなどで、「愛しているって言葉で言ってくれないとわからない」というセリフが出てきますが、私は、ただの演出上のセリフのようにしか思っていませんでした。だって、私生活でそんなことを言われたことはないからです。でも、人はやはり、「言葉」や「態度」で、明確に「存在」と「信頼」と「評価」と「必要性」を伝えられたいのです。

あなたも、自分の店のスタッフにたくさんの感謝をしていると思います。それは、「言葉」にして「具体的」に伝えていますか？　そして彼らに「あなたが必要だ」と伝えていますか？もし伝えていなかったら、今日伝えてください。手遅れにならないうちに。

一緒に働きたい店長の習慣

「想い」は「言葉」ではっきり伝えている

「仮想敵（ライバル店）」と戦おう

共通の「敵」と戦うことで、チームは一丸になれる

「店長、M店の今日の売上げは、今30万円だそうです。うちの店はちょっと負けています！　店長、アクセル踏みましょう!!　私、駅前でクーポン配ってきますね!!」

そう言って彼女は、ダッと店を飛び出していきました。これは、私が昔スーパーバイザーをしていた、大阪のある店の夕方の光景です。M店というのは、私の担当店舗と1ヶ月違いでグランドオープンをした2㎞先の同じチェーン店。両店は売上げも店舗規模も非常によく似ていました。

しかし、売上げは、両店ともにオープン予算の売上げを大きく下回り、大苦戦をしていたのです。そのため、店長は、誘導看板の設置、チラシの新聞折込やポスティング、クーポンの駅前での配布、日曜日のピーク時は目の前の道路脇で、旗を振ってドライブスルーに車を呼び込むなど、いろいろと工夫をしながら売上向上に努めていました。

そんな中で、店長が最も力を入れていたのが、「店舗一丸となって売上向上に努めること」でした。当たり前のことですが、これは非常に大切なことなのです。ただチラシやクーポン

を新聞折込して売上げを伸ばしても、それは「店舗一丸」となっているわけではないし、販促の効果はそうは長続きしません。また、たとえ来てくださったお客様への応対で、その瞬間に一丸となっても、まだそれだけでは不十分です。お客様にお店に来ていただくまでのプロセスに、全員が一丸となって燃える行動をしていないと長く売れ続ける店にはならない！と店長は考えていたのです。

そこで、店長はある作戦をはじめることにしました。それは、この店の関係者全員が共通の「敵」を持つことでした。この全員共通の「敵」と戦って勝っていくことで、常時熱く一丸となったチームにしようと考えたのです。実は、その「敵」とは、2km先の同じチェーン店のM店。オープン時も商圏も店舗規模もよく似ていたため、切磋琢磨するライバルとしてはうってつけでした。

「敵」と戦う仕組みは単純です。毎日、朝と夕方の2回、そのライバル店に電話をして、朝は前日の売上げ、夕方はそれまでの売上げを聞くのです。そしてそれを表に書き込んで、勝ったの負けたのと盛り上がるのです。

最初はその電話は店長が行なっていました。しかし、しだいにその役割はアルバイトリーダーに移り、3ヶ月も経つと高校生のアルバイトが、そのライバル店に電話するようになっていました。その結果、ちょっと売上げが負けていると、電話をした女子高校生は、クーポン券を配るために駅前まで走っていくようになったのです。

この効果は、自店舗だけでなく、「仮想敵」であるM店のライバル心にも火をつけました。彼らもまた、ライバル店に対して戦う気持ちが盛り上がり、1年後、とうとうこの両店はオープン時の予算売上げに到達したのです。

売上げを上げるときに行なう販促策には、いろいろな方法があります。しかし、最も大切なのはお客様に直接接するパート・アルバイトが、本気でそれに取り組むことです。でないと、期待される効果は半分しか出ないのです。

しかし、店長がパート・アルバイトを燃えるチームに育てていくのは、そんなに簡単なことではありません。そんなときは、店舗のパート・アルバイト全員共通の「仮想敵」を持てばいいのです。

ちなみに、この「仮想敵」ですが、競合店などの「本当の敵」を相手にするのもいいのですが、正確な売上げがわからないため、確実な達成感が持てません。それよりも、同じチェーン店をライバルにするほうが、「健全」かつ「正確」に戦うことができるのです。

この「仮想敵との戦い」は、スタッフにとっては、自分の活躍が具体的な結果となって見えてくると同時に、チームの中での自分の存在が強く感じられるという効果があります。単純に売上目標の獲得を目指すよりも、ゲーム性があり闘争本能に火をつけやすいことが、その要因かも知れません。ムチャクチャ盛り上がりますから、ぜひ試してみてください。

一緒に働きたい店長の習慣

スタッフと一丸となってライバルと戦っている

「店長よりも厳しいアルバイトリーダー」を育てよう

進んで憎まれ役になってくれる腹心を育てよう

「こら！　何やってんの！　もっとシャキッとして！　背筋伸ばして！　はい、笑顔出して！　さあ～行こう！（パンッ……両手を叩く音）」

勤務時間になっても、まだ気持ちが切り替わらずにダラダラしている若いスタッフを仕事場に送り出したのは、この店で10年働くベテランの主婦パートAさん。彼女は、いわゆるこの店の鬼軍曹です。歴代店長が、無事にこの店で仕事をしてこられたのは、何よりも彼女の支えが大きかったと言います。

彼女の役割は、この店のパート・アルバイトリーダーです。いつも明るく元気で、若いスタッフを引きつける魅力があります。そして、誰よりも「厳しい」のです。店舗展開に積極的なチェーン店の場合、店長がその店で勤務する期間は、だいたい1年くらいです。短いと半年で異動してしまうのです。これは、新しい店に店長を置くために、既存の店から玉突きで店長を異動させていくため、仕方がないと言えば仕方がないのですが、スタッフにとっては大迷惑です。新しい店長が来るたびに、その方針やコミュニケーションの違いで大混乱に陥るからです。

そんなときに活躍するのが、ベテランの主婦パート。なかでも、パート・アルバイトリーダーをするくらいの人は、多くの場合「陰の店長」と言われていて、まだ若い20代前半の店長と並べると、どちらが店長かわからないくらい貫禄があるのです。

この店の主婦パートAさんも、堂々とした貫禄と迫力の持ち主です。もちろん、それは見た目だけではなく、作業手順の徹底から、身だしなみ、言葉遣い、挨拶、そして表情まで、仕事をしていくうえで大切な基本を徹底的に新人スタッフに指導します。

本来は、こういう仕事は店長がその役割をはたすのが基本です。しかし、店長が頻繁に交代したり、若い店長が増えてくると、店舗の全スタッフのしつけをきちんと維持することは非常に難しくなります。そこで、彼女のような、「店長よりも厳しい」パート・アルバイトリーダーを育てておくことが重要になるのです。

彼女のようなスタッフがいることの効果をよく把握しているチェーン店では、意図的に彼女たちにリーダーとしての教育を行ない、場合によっては、「副店長」の肩書きを与えているところもあります。

それにより、彼女たちに正式に「店長より厳しい鬼軍曹」としてのミッションを担ってもらうのです。たまたま自然にそうなるのではなく、また、ベテランだから仕方なくそうなるのでもなく、意図的に彼女たちの能力を組織づくりの中に取り込むのです。そして、明確に店長を支えるというミッションを与えることが重要なのです。

ただし、よくある光景のように、ベテランのパート・アルバイトが自分勝手に「裏」で店を仕切るようになると、そこには店長との対立や軋轢が生まれてしまいます。そんな店では、スタッフを満足させ、お客様に満足していただくような店づくりはできなくなります。

あなたが店長なら、ぜひとも意図的にこの仕組みの構築に取り組んでみましょう。そして、あなたが今の店から異動して、後輩の若い店長が着任しても、店がドタバタしないようにしておきましょう。

ベテランのパート・アルバイトの能力、パワーは、間違った方向に進むと非常にやっかいな存在になりますが、このように意図的にミッションを持たせるようにすると、逆に店を長期にわたって支え続ける大きな存在になるのです。彼女たちのパワーを侮ってはいけません。彼女たちのパワーを思いっきり活用しましょう。

一緒に働きたい店長の習慣

ベテランのパート・アルバイトリーダーのパワーを効果的に活用している

自分たちの町に貢献しよう

毎日感謝しながら町を掃除していたら、売上げが上がってしまった店がある

「いつも商店街のお掃除してくれてありがとうね。今度買いに行くからね。頑張ってね」

商店街で八百屋をしているおばさんから声をかけられた店長はうれしくなって、いつもよりもう1本向こうの筋まで足を伸ばして掃除をしました。この店長は、着任以来1年間ずっと毎日、店のある商店街とその周辺、店から100mくらいの範囲のゴミ拾いをしています。

彼女の店は、テレビでコマーシャルを流すほどの大手の全国チェーン店です。この店がオープンしてから、すでに5年。歴代の店長は会社のサラリーマンという立場で仕事をしていました。そのため、商店街の個人商店とはまったく違う立場と意識がそこにはありました。この5年間の歴代店長は、商店街の集まりにも出ず、催しにも参加しない、わが道を行く勝手な店舗運営をしていました。

店長からすれば、「やることが多くて忙しく、近所付き合いなどしている暇がない」という気持ちでした。会社で決められたフェアやキャンペーンをしなくてはいけないため、商店街の催しなどをやっている暇はないと考えていたのです。また、「そんな付き合いなどしな

くても、お客様は店に来てくれる」と、そんなサラリーマン気分で仕事をしていたようです。

そのため、個人店が多い商店街の店主たちからは、付き合いが悪く、それでも繁盛しているこの店に対して、ちょっとした嫉妬心を持たれていました。そんなとき、着任したのが彼女でした。

そんな彼女が、着任の挨拶回りに商店街の店を一軒ずつたずねていったとき、商店主たちは、「あ、そう」「ふーん」とつれない態度を取りました。名刺を受け取ってもらえなかったり、店頭に出てきてもくれなかったりして、彼女は大きなショックを受けて店に戻ってきました。

「何なの、この商店街……こんなことだから寂れていくのよ……」とぼやいた彼女でした。

そんな彼女に声をかけたのが、古くからこの店で働いているベテランスタッフでした。スタッフは、オープン以来の歴代店長と商店街との付き合い方、商店主たちがいつもお客様でいっぱいのこの店をうらやましがったり、妬んだりしていることなどを話しました。

彼女は、ベテランスタッフの話す意味をすぐに理解しました。実は、彼女の実家は、地方の商店街で古くから商店を営んでいました。彼女は、スーパーマーケットができて人口が減っていく中、一所懸命営業を続けている両親を見て育っていたのです。「そうか、商店主たちが悪いんじゃない。私たちの店が、ずっと失礼なことをしていたんだ」と思った彼女は、この商店街に毎日少しずつでも貢献し、感謝の気持ちを表わそうと考え、少し早めに出勤して、ゴミ拾いをするようになったのです。

商店主たちは、まだ店が開いていない朝早くから、毎日毎日掃除をしている彼女を見ていました。でも、その商店主たち以上に彼女に心を動かされた人がいたのです。それは、店長が商店街の掃除をしはじめて3ヶ月後のことでした。

「店長、私ちょっと商店街のお掃除に行ってきますね」

最初に声を上げたのは、高校生スタッフでした。スタッフは、いつも店長が使っている掃除道具を持って店の外に出て行きました。それ以来、毎日毎日、店長は早朝の出勤時、スタッフは夕方に商店街の掃除をするようになったのです。スタッフは、店長がどんな気持ちで掃除をしているのかを理解していました。そして、その気持ちが本気であることも、しっかり受け止めていたのです。

スタッフたちが自主的に商店街の掃除をしはじめて間もなく、商店主たちの態度が変わってきました。店長やスタッフにつれない態度を取っていた彼らが、声をかけるようになってきたのです。彼女が感謝の気持ちを込めて商店街の掃除をしはじめて半年、彼女が掃除をする時間帯に同じように商店街の掃除をする人が現われ、夕方、スタッフが掃除をするときには、声をかけられたり、お土産までもらったりするようになってきました。

「別に、気に入られようとしてやったんじゃないんです。実家では毎日やっていましたから。この街で商売をさせていただいているんです。毎日のお掃除は、その感謝の印です。当たり前のことなんです」

彼女はその後、商店街の催しでリーダーを務めるほどに認められるようになりました。全国チェーンの店は、本社のバックアップに支えられ、その大きな力でお客様を呼んでもらうことができます。しかし、個人商店はそうはいきません。商店街に入っているチェーン店のサラリーマン店長は、そこのところの理解が少ないのです。その町で、その商店街で商売をさせていただいているのなら、お客様やスタッフだけでなく、まわりの商店主達の立場にも立って、仲よくやっていきたいものです。

一緒に働きたい店長の習慣

「この町で商売をさせていただいている」という感謝の気持ちを忘れない

ステージ5 「貢献」の習慣のまとめ

自ら「貢献している」という価値に気がつくのはなかなか大変です。謙虚な人が多いですからね。そのため、店長はスタッフがいかに役に立っているか、いかに影響を与えているかについて、「具体的に」伝えることが必要なのです。多くの店長は、これをしないのです。だから、高いステージでも自信を失うことがあるのです。ステージ5までは、自分が成長したことで満足できました。しかし、ステージ6からは、店長から「貢献」について伝えられ、自分がまわりに与えている影響と、自分の存在価値に気がつき、その結果、「責任」「役割」という自覚が生まれてきます。このステージからはまわりを意識するために、「自分軸」から「相手軸」に意識を動かすことが求められるのです。

▶STAGE 6

「感謝・誇り」の習慣

仲間の存在を感謝すれば、それは自然と誇りになる

従業員満足の最終ステージでは、自分が評価され、成長し、貢献してきたことの要因には、まわりの応援や助けがあるからだ、ということを心から自覚し、感謝する段階となります。さらに、そういった、助け合い、支え合える環境（会社、団体、チーム、ブランド）に対する誇りを強く感じるようになります。この章では、「感謝」や「誇り」が習慣となった店長やスタッフの事例をご紹介しましょう。

「仲間に対するプライド」を持とう

「自分のためのプライド」は必要ない

「この店が、こんなにたくさんのお客様に愛されるような素敵な店になったのは、みなさんの頑張りのお陰です。本当に、ありがとうございました」

この店で、1年間店長を務めたA店長。この日は、この店での最終勤務を終え、明日からは別の店に異動する最終日。彼は、最後の朝礼で、スタッフにお礼の気持ちを伝えたのでした。

彼の言葉の中にあった、「お客様に愛される店になった」というのは、この店が定期的に行なっているお客様満足度アンケートで満点を獲得したことに対する感謝の気持ちが込められていました。

彼がこの店に来たのは1年前。この店は、人不足が原因でサービス力が低下し、クレームも多発していた問題店でした。彼は、新店をオープンさせて評価も上がり、もうそろそろスーパーバイザーに昇格するかもと噂されるほどの評判の店長でした。その頃の彼の口癖は、「俺のプライドにかけて!」でした。業績を上げげて、評価をうなぎ登りに高めていく、若手店長らしい意気揚々とした自分の実績に対するプライドの固まりでした。

しかし、異動してきたこの店は、そんな彼のプライドなど何の役にも立たない酷い状態でした。スタッフ数は不足し、残っているスタッフも疲れはてて売上げも低下。お客様満足度調査では、チェーン店の中でも最低クラスの得点を記録していました。

また、この店長には、残るスタッフの中にも「この状態を改善していこうという気概」のカケラすら感じ取ることはできなかったのです。

「俺がこんなにやっているのに、何であいつらは頑張らないんだ！　どいつもこいつも、やる気が感じられない！」そうぼやく日が続いたある日、様子を見に来た部長が彼にアドバイスをしました。「君は自分のプライドをかけて頑張っていると言うが、そんなのスタッフには関係ないよね。こんな状況でも店に残っているスタッフにもプライドがあるんだよ。その気持ちを理解することができなかったら、いつまで経ってもこの店は、君のチームにはならないだろうな。君に必要なのは、君自身のためのプライドじゃない。スタッフのプライドを理解することと、そんなスタッフを誇りに思えるプライドが必要なんだ」と。

「君のためのプライドは必要ない。スタッフを誇りに思うプライドが必要なんだ」

部長から言われたその言葉は、彼の中にあった「新しいプライド」に火をつけることになりました。彼はもう一度、スタッフをよく見ることにしました。そこには、少ない人数にめげずに必死に頑張っているスタッフ。人数が少ないがためにお待たせしてしまっているお客様に、必死で謝っているスタッフ。そんな健気に一所懸命に働くスタッフの姿がありました。彼らはやる気がないのではなく、厳しい状況の中で必死に頑張っているが、人の数が少なくて疲れはてている……ようやく彼は、その事実に気がついたのです。

そんなスタッフの姿を目にして、ようやく目を覚ました店長は、その日から新しいスタッフの採用に全力を注ぎ、3ヶ月をかけて人不足を解消したのです。そして、スタッフを認めてほめて評価し、その成長や貢献を実感させ、彼らのスキルと彼らの中にあるプライドを育てていくように努力を続けました。

1年後、スタッフ数は3倍に増え、笑顔も増え、さらにお客様と会話を楽しめるレベルにまで成長しました。お客様の中には、そのスタッフ目当てに毎日来店される方も出てきました。もちろん、長く待たせることもなくなったことで機会損失も減り、売上げは右肩上がりになりました。彼が着任してちょうど1年経った月は、オープン以来の過去最高売上げを記録。何と、1年前の2倍を売り上げる状態になったのです。そして、ついにお客様満足度調査の評価で、満点を獲得したのです。

「私は、自分一人でしゃかりきになって、スタッフの気持ちもスタッフの力も何も確認しないで信用もしていませんでした。だからうまくいかなかったのです。しかし、彼らにも私と同じようにプライドがある。店に対する想いもあるし、環境を整えれば、どこの店にも負けない力を持っているんですよね。私は、彼らのプライドを思う存分に発揮できるようにすればいいだけなんです。今の私のプライドは、一人で頑張ってきた自分のプライドではなく、すばらしいスタッフに巡り会えたこと、彼らのようなスタッフと一緒に仕事ができていることが一番の誇り、プライドです！」

彼はその後、異動した次の店でも成果を上げ、今では優秀な若手スーパーバイザーとしてこのチェーン店で活躍しています。自分のための自己満足のプライド、スタッフを誇りに思うプライド。スタッフたちのリーダーであるというプライド。プライドにもいろいろあります。

さて、あなたが持っているプライドは、どんなプライドでしょうか？

一緒に働きたい店長の習慣

スタッフのプライドを育てることに全力を傾けている

「ごちそうさま」は、自分を見つめるきっかけになる

「お客様の気持ち」を実感しよう

「おいしかったです。ごちそうさまでした。ありがとう」

ある店長は、自分が外食をするとき、食べ終わった食器をかたづけるスタッフに必ずこう言います。もちろん、お勘定をして帰るときにも、必ず言うのです。

レストランで働いているときに言われて一番うれしいのは、この3つの言葉です。言われた瞬間鳥肌が立つときもあります。目頭が熱くなるときもあります。この言葉を言われると、その後の自分のモチベーションは上昇し、さらによい仕事ができるようになります。それがお客様にも伝染して、お客様はもっと喜んでくださるようになります。

さて、この店長は新婚です。ある日、自宅で夕食を食べた後、奥様に何気なく「おいしかった。ごちそうさま。ありがとう」と言ったのです。すると、いつもは頼まないと出てこない食後のコーヒーがすっと出てきたのです。奥様の顔には、いつもの数倍の笑顔があふれていました。彼は、「あっ！」と思いました。スタッフのモチベーションを向上させるのもこれかも知れないと思った彼は、お客様スタートでこのサイクルを回してみるとどうなるんだろ

う？　と考えたのです。そこで、外食のときに必ず、接客してくれたその店のスタッフに「おいしかったです。ごちそうさまでした。ありがとう」を言うようにしたのです。

するとどうでしょう。彼が利用しているレストランのサービスレベルがぐんぐんと上がっていったのです。しかし、それは自分の店ではありません。自分の店でそれを実現するにはどうしたらいいのだろうか？　と再び彼は考えました。

そこで彼が採った作戦は、「感謝するときの気持ちを経験する」という作戦でした。つまり、自分と同じように「食事をしたら、自分から先に『おいしかったです。ごちそうさまでした。ありがとう』を言おう、とスタッフに薦めたのです。

スタッフたちは店長が言うように、自分たちがレストランで食事をしたら、「おいしかった。ごちそうさま。ありがとう」と言うようにしてみました。しかし、いざそれを言おうとしても、言いたくないような接客をされることがあります。それはつまり、自分が接客をしているときに「おいしかったです。ごちそうさまでした。ありがとう」と言われないときのお客様の気持ちと同じだということにスタッフは気がつきはじめたのです。

接客の仕事をしていると、「相手の立場に立つ」ことの大切さをよく教えられます。しかし、相手の立場に立てと言われても、最初は想像の世界でしか立つことはできません。でも、ふだんは店側にいるスタッフでも、お客様になるときがあります。そのときに、自分がどんな接客をされたらうれしいか？　悲しいか？　残念か？　を感じるようにするのです。

というか、それは誰でも感じています。ポイントは、そのときに今度は自分が店側に立ったときにそれができているかどうか？　を見直すことなのです。

「おいしかったです。ごちそうさまでした。ありがとう」と言われなかったとき……お客様はどんな気持ちだったのか？　それは、自分がお客様のときに言いたくなかった……その気持ちと同じです。

店長が自分の店のスタッフを「お客様の立場に立てるスタッフ」に育てて、お客様がまた来たくなるようなお店にしたいなら、この作戦をしてみましょう！　簡単でしょ？　だって自分から「おいしかったです。ごちそうさまでした。ありがとう」と言えばいいだけですから。

一緒に働きたい店長の習慣

外食時に「おいしかったです。ごちそうさまでした。ありがとう」と言っている。

「ペースメーカー」になろう

順調に進んでいるときこそ、無理をしていないか見直そう

「おはよう！　今日もいい天気だね～、調子はどう？　おっ！　表情がいいから絶好調なのかな？　では早速、目標の進行状況について話を聴こうかな。さて、今どのあたりを走っていますか？」

この店を担当しているあるエリアマネジャーは、いつもこんな調子で店長との会話をはじめます。短いアイスブレイクで相手の調子を確認した後に、無駄なく仕事の話に入ります。そして、仕事の話を終えたら、店長の気分を盛り上げてその店を後にします。

店長の上司であるエリアマネジャーやスーパーバイザーという立場は、店長を通じて成果を上げるのが仕事です。しかし、店長という立場は、いくら仕事ができるからといって放置してしまうと、気分が低下してしまうことがあります。その気分を下げないようにうまく乗せていくのが、よいエリアマネジャー・スーパーバイザーなのです。

店長の気持ちや調子、その時点での能力を的確に把握し、それに合わせていきながら、やる気や自信や能力を引き出して成果を上げていく、そしてうまくそのペースを落とすことな

く整えて、さらなる成果を上げていくのがよいエリアマネジャー・スーパーバイザーということなのです。

これは、実は店長も同じです。店長には、部下であるパート・アルバイトや社員のスタッフがいます。彼らのやる気の回転数を気持ちよく整えるペースメーカーであることが、店長として成果を上げる一番のコツなのです。

このペースメーカーという仕事は、コーチングのコーチとまったく同じです。コーチにはビジネスコーチ、エグゼクティブコーチ、パーソナルコーチなど、その対象に合わせて名前が違いますが、基本的には、相手のやる気を整えるペースメーカーなのです。これは、ステージ3「行動を継続させせよう」でもお話ししました。

店長が、スタッフのペースメーカーになると、スタッフの状況を観察し、目標と現状を確認しながら、一歩前進するための方法を、彼ら自身から引き出します。そして、スタッフは自分の口から出た言葉で自分自身を鼓舞してやる気を高めていきます。店長が、よいペースメーカー（コーチ）であれば、店舗目標を達成させることなど、とても簡単なことなのです。

さらに、もうひとつステージが上がると、今度は、スタッフ同士でペースメーカーの役割を担うようになります。先輩後輩とか、リーダーとスタッフといった関係を超えて、スタッフ同士がお互いにフラットな状態でコーチングをする環境を作るのです。

こうなると店長は、スタッフ一人ひとりのコーチングスキルを高めていくだけでよくなります。そして、店は勢いをつけて前進して行きはじめます。

私がこの方法をお薦めするのは、私自身がコーチであるからに他なりません。コーチにはコーチが必要です。コーチという立場は、クライアントと上下関係はありません。目線は常にフラットです。私がコーチングを学んだ、日本最大のコーチングファーム「コーチ・エイ」では、社員同士のコーチングが日々行なわれています。何と、社長をコーチする社員もいるのです。

年下の部下からコーチングを受けるってビックリしますよね。だから、店でも同じように、店長をコーチするパート・アルバイトスタッフがいてもいいのです。

ただし、コーチングのスキルはきちんと身につけておく必要はあります。間違った方法で行なうと、押しつけになったり、誘導になったりします。これでは、決してクライアントのやる気にはつながりません。正しく基本から学ぶことが大切なのです。

あなたの店にコーチングを取り入れるのに、時期や条件はまったく不要です。今日からはじめてもいいのです。いつはじめても早すぎることはありません。さあ、やってみませんか？

コミュニケーションも人間関係も、ビックリするほどスッキリします。

えっ？　どこで学べばいいかって？　ご興味がおありならば、私に連絡してください。どうぞよろしく！

もちろん、コーチングの入門書も大いに参考になります。

ちなみに、私の前作『「競合店に負けない店長」がしているシンプルな習慣』（同文舘出版）も「相手軸」に立つための基本が紹介されています。この「相手軸」も、コーチングのスキルを使ったものなのです。ぜひ参考にしてください。

一緒に働きたい店長の習慣

スタッフの立場に立って、スタッフのペースに合わせるようにしている

スタッフに無茶を言ってみよう

無茶な注文に笑顔でチャレンジするチームを作ろう

「うわあ～、店長！　無茶言いますね～。けれど、店長が『やれ！』と言うのならやりましょう！　さあ、みんな、いっちょうやるぞ！」

スタッフは、無茶言うなあ～と言いながらも、なんだかうれしそうにしていました。店長がパート・アルバイトのリーダーに指示をしたのは、今日のディナータイムの貸し切りパーティで、通常の2倍近いお客様のご予約を受け入れるという内容でした。この店には、その人数を受け入れる客席スペースは十分にあるのですが、問題はキッチンの製造能力でした。短時間で、これだけの人数のメニューを提供したことがなかったのです。

「よし！　全員集合！　これから作戦会議をやるぞ！　店長が頑張ってパーティのご予約を取ってきてくださったんだ。しっかり対応して、お客様に満足していただいて、パーティ以外でも利用していただけるようにしようぜ！　まずは、キッチンメンバーの配置からだな……」

どんな店でも、店長が「そんな無茶な！」と言うような指示をスタッフにすることがあるでしょう。でも、「従業員満足度ステージ」が低い段階にある店の場合は、スタッフは、それを喜んで受け入れてはくれません。

しかし、この店は違いました。「無茶言うなあ〜」と言いながらも、誰も反対や疑問、また不満などを言わずに、その無茶な指示に対して、「どうやったらできるか？」と検討をはじめたのです。

実は、この状態は、スタッフの「仕事の満足度ステージ」の最上段に到達した現象なのです。このステージに上り詰めた店長とスタッフは、とても強い信頼関係によって結ばれています。無茶を言う店長は、未経験の仕事に対するスタッフの実行能力を信じて指示をしています。言われたスタッフは、「店長は不可能なことは要求しない。言うからには必ずできるんだ」という信頼と自信をベースに、その指示を楽しんでいます。

お互いを信じ、自分自身も信じているからこそ、こんな素敵な信頼関係が生まれるのです。

私がマクドナルドに在籍していたときも、お祭りや年末年始で売上新記録を狙ったり、突然の大量注文をこなしたり、ドライブスルーの新記録を狙ったり、無茶な指示、無茶な目標に対して、スタッフは目を輝かせてチャレンジしていました。

店のスタッフがこのレベル、つまり「仕事の満足度ステージ」の最上位である「誇りと感謝のステージ」に到達したかどうかは、こういう店長からの「無理難題」に対してスタッフが、うれしそうに取り組めるかどうかでわかるのです。

このステージに到達していたら、スタッフ同士や社員との間で発生する人間関係の問題は、すぐに自分たちで解決していけるようになります。また、お客様に対して本当に必要なことを、自分たちで決めて実施していけるようになるのです。

さて、あなたの店で、あなたが「普通ならあり得ない無茶な指示」をスタッフにしたら、スタッフはどう反応するでしょうか？

もし、冒頭のようなうれしい反応があるようなら合格です！　あなたの店は、チームとして何にでも挑戦できる最高のレベルに到達しています。しかし……、

「え〜っ、それは無理です！」

「店長は、スタッフのことを考えてくれているんですか？」

「それって、お客様に迷惑かけちゃいますよ！」

「店長、それはちょっと無責任と違いますか？」

そんな答えが返ってくるようなら、あなたの店は、まだ低い満足度ステージにいます。もう一度、スタッフの気持ちを考え、そして聴いてみましょう。そして、店長自身が、仕事に満足できているかどうかについて考えてみましょう。その結果、まだ、しっくりいかなかったり、モヤモヤした気持ちがあるようなら、本書のプロローグからステージ5までをもう一

度読み直して、そこに書いてある、うまくいっている店長の習慣を試してみながら、もう一度従業員満足の6ステージを上ってきてください。

大丈夫。素直にチャレンジするあなたなら、必ず冒頭のようなチームを作ることができます。

一緒に働きたい店長の習慣

店長自身が、いつも無理難題をポジティブに楽しんでいる

スタッフと一緒に、自社ブランドについて語り合おう

このブランドが好きだから、ここで働くのです

「うちのブランドはね。こんな小さなことにまでこだわっていることで、それがすばらしい商品となって、それが自分たちの誇りとなっているのよ。だから、絶対に、ほんのささいなことでも手を抜いちゃあダメなのよ」

と言っているのは、あるデパ地下に出店している総菜店の店長です。彼女は、商品だけでなく、お客様の目で見た自分たちの店について、とても細かいところまでこだわりを持っています。ショーケースにくもりや汚れがないように磨き上げるのはもちろんのこと、商品については、どの角度から見てもきれいに見えるように、気を遣っています。

スタッフの身だしなみ、表情、元気のよさ、そして何よりもお客様を心から歓迎する笑顔についても、少しでも「ブランドイメージと違う」と思ったらすぐに指導します。

彼女は、元々この店がオープンしたときに採用されたパート・アルバイトでした。その後、社員として入社し、今では店長として活躍しています。そんな彼女ですが、最初の頃は、「うちのブランド」とは言っていませんでした。彼女は、他のスタッフと同様に「うちの店」と

いうように、「自分がいるところ」として表現していました。

もちろん、これはごく普通のことです。誰でも、自分の働いている店を指すときは「うちの店」と言います。店が基点になるのです。たとえば、自分の家を指すときは「うちの家」と言いますよね。私も、「わが松下家は……」とは言いません。自分の家系や一族のことを代表して言うようになるのは、一族のボス、つまり本家の最長老、もしくは、最長老並に一族の「家」「家柄」にプライドを持つ人たちだけなのです。

ところが、この店の店長は、数百店舗もあるチェーン店であるにもかかわらず、社長や幹部並に「うちのブランド」と言っているのです。しかも、「わが社は」とか「うちの会社は」ではなく、「うちのブランド」と言うのです。

なぜ、そのような意識を持てるのだろうと思った私は、彼女にその気持ちをたずねてみました。すると彼女は、「実は、あるお客様が、私たちのブランドにどんなイメージを持っているのか、についてお話しくださったことがあったのです。そのお客様は、『〇〇さん（ブランド名）は、他のお店とは、何かこう空気が違うのよ。一本筋が通っているというか、こだわりがすごいというか、『私たちはこうなんです！』とプライドを持っているというか、何かそんな雰囲気を感じるのよ。だから、いつもこのデパートに来たときは、安心して〇〇さんで買うことにしているの」と言われたのです。それまでは、そこまで言われるなんて、そんな期待をしてくれているなんて思ってもいなかったから、正直そこまでプライドを持っていなかった私は恥ずかしくなったのです。だからその日から私は、『絶対にその期待を裏切らないぞ！』と決めたのです」と言ってくれたのです。

お客様は、「会社」や「企業」と同様に、「ブランド」に対する信頼やイメージを強く持っているから贔屓にしてくださるのです。ライバル店やノーブランドとは違う「安心」「信頼」を強く感じているのです。とくに、商品の出来上がりとスタッフの態度、店の清潔さは、その「安心」や「信頼」を決定づける重要な要素なのです。

お客様は、常にあなたの店を見て、あなたの店の商品とあなたの店のスタッフ、そして清潔さであなたの店のイメージを固めます。それが、お客様の期待するブランドイメージになるのです。「商品の品質」「スタッフの笑顔やサービス」「店の清潔さ」は、単にＱＳＣという店舗運営基準の話ではありません。それが、あなたの店の価値とあなたの店に対する期待そのものなのです。

店長が、「うちのブランド」という言葉で自社を語りはじめると、心の底から「誇り」と同時に「責任」が湧いてきます。今まで持っていた「責任」よりも数倍高い意識として湧いてくるようになります。お客様のためにはならない恥ずかしい行為は、一切することはできなくなります。

スタッフは、店長のそういう「誇り」に憧れて真似をします。そして、彼らもまた店長同様に、自社のブランドに「責任」を強く感じるようになるのです。

ぜひ、あなたも「うちのブランド」と「誇り」を口にしてみてください。そこには、ピーンとした緊張感さえ感じられるようになるでしょう。

一緒に働きたい店長の習慣

「うちのブランド」が口癖になっている

店長が何でも一人で決めないようにしよう

決定のプロセスに参加させると主体性が成長する

「社長、やりましょうよ。こんなチャンスは滅多にありません。全社員で手分けをすれば、2週間くらい何とかなります。僕たちに任せてください！　俺たちはチャンピオンじゃないですか！」

スタッフからこう言われたのは、実は店長ではなく社長です。仙台でハンバーグレストランとビストロとナポリタンスパゲティの店など、計6店舗を運営する会社の2代目社長・角田秀晴氏です。

2013年の秋、この社長が率いる「東京ナポリタン⑧」は、カゴメ株式会社が主催する「ナポリタンスタジアム」において、老舗、有名店20店舗の中から見事にグランプリを獲得しました。グランプリ獲得の反響は非常に大きく、全国の有名百貨店から催事の目玉として出店してほしいというオファーが次々と飛び込んで来るようになったのです。

2014年2月。そんな角田社長のところに、大きな催事への出店オファーが来ました。場所は大阪、あべのハルカス。ビルとしては日本一の高さを誇る百貨店の全館グランドオープンイベントです。しかも、茶屋（イートイン）付きで、開催期間は2週間。初めての関西進出です。冷凍ハンバーグやナポリタンのネット通販をはじめていた社長にとっても大きなチャンスでした。

しかし、角田社長は、うれしい悲鳴を上げながらも、仙台で営業している5店舗を営業しながら2週間も続く催事に出店するのは、スタッフの負担があまりに大きく、既存店ががたついては元も子もないと考えて、おいそれとはそのオファーを受ける気にはなれなかったのです。

自社の知名度アップ、売上増大のチャンス、スタッフの負担、既存店のパワーダウン……さらに、この出店には「意義」はあるのだろうか？　と、何度も何度も考えを巡らせました。しかし、いくら考えてもなかなか結論が出ませんでした。そして、明日が出店申込みの期限となるある日、社長は、幹部スタッフと緊急ミーティングをしたのです。

「こういう話がある。会社にとっては大きなチャンスだ。しかし、既存店と遠征スタッフの負担を考えると、今回はお断りしようかと思っているんだ……」

「社長！　何を言ってるんすか！　出しましょうよ！　大丈夫ですよ、全然問題ないです。任せてください！　関西の人たちに、東北は元気だ！　というところを見せようじゃないですか！」

なんと、緊急会議は一瞬にして、出店をどうしようか、というテーマから「出店を成功させるにはどうしたらよいか」という作戦会議に変わったのです。

出店の意義は何か？

社長は、会社としての知名度向上と売上アップを考えていました。

しかし、スタッフ一人ひとりは、それぞれに出店の意義を持っていたのです。

あるスタッフは、遠征の留守を守るスタッフの成長のチャンスになるという意義。

あるスタッフは、遠征チームのチームワーク向上と、新たなオペレーションの構築にチャレンジするという意義。

あるスタッフは、物販関連の新規販売ルートの開拓をするんだという意義。

またあるスタッフは、東北代表として関西に元気をお返しするという意義。

そして、何よりも、社長が一人で決めるのではなく、全社が一丸となって考え取り組むという大きな意義を見つけたのです。

２０１４年3月。この催事への出店は大きな成果を残して幕を閉じました。

もちろん、すべての目標が達成されたわけではありません。自社で立てた大きな売上目標には届きませんでした。しかし、この経験により、新たな課題を見つけることができた、という社長のポジティブな気持ちが、スタッフをさらに燃えさせています。

さて、イベントが終わって仙台に戻った角田社長は、「何よりも、私が一人で決めたのではなく、全員で考えて決めたということが大きいんです。だから、それぞれに今回の出店に対する意義も明確になったし、次への課題も明確になった。この2週間、いや出店検討をはじめた2月からの2ヶ月間で、私も彼らも大きく成長しました。私はこの後、遠征メンバーだけでなく、バックアップメンバー、物流の担当、留守を守ったメンバー全員に、一人ひとりがどういう貢献をしたのかを具体的に感謝を込めて伝えようと思っています。本当に出店してよかったです」と話してくださいました。

また、あるスタッフはこう語ってくれました。

「今回の大阪遠征がうまくいったのは、何よりもスタッフ全員の協力があったからです。私たちは、昨年秋のナポリタンスタジアムのときよりも、さらに強力なチームに成長しています。なかなか意見が合わずにケンカもよくするけれど、それは、お客様のため、仲間のためについて真剣に考えているからなんです。熱い仲間たちに本当に感謝しています！」

あなたはもうお気づきだと思いますが、このレストランチェーンは、間違いなくステージ6にいます。

その証拠に、ここのスタッフは、この会社を辞めません。結婚やご主人の転勤、そして卒業による就職を除いて、店を辞めるような人が1人もいないのです。ただ、ここで働くのが楽しい、というのではなく、認められ、成長し、貢献を自覚し、そして仲間に感謝し、自分たちのブランドに大きな誇りを持っています。

このチェーン店は、目下フランチャイズでのチェーン展開を目指して日々奮闘されています。しかし、角田社長は、安易に店舗数だけを増やしていきたいとは思っていません。そこには、彼の口癖である「意義は何か?」というこだわりがあります。「なぜ、出店するのか?」「なぜ、この商品なのか?」「誰に何を伝えて、何を感じ取っていただくのか?」など、常にその問いに対する答えを求めているのです。

それは、このステージ5、6で求めている「成長」「感謝」「誇り」へのこだわりと同じなのです。「ここで働く意義」、その問いに対する答えが、まさしく「成長」「感謝」「誇り」なのですから。

仙台に行く機会がありましたら、ぜひ、この素敵なハンバーグレストランとビストロとナポリタンの店で食事をすることをお薦めします。くわしくは、ホームページをご覧ください。

※ハンバーグレストラン「HACHI」「東京ナポリタン⑧」の公式ホームページはこちら
http://www.maido-8.com/

ステージ6 「感謝・誇り」の習慣のまとめ

このステージに到達して、仲間への感謝、会社への感謝が心から自然に出るようになると、当たり前のことですが離職率は下がります。というか、もう誰も辞めません。スタッフが、感謝を基盤に本当にチーム一丸になるということは、成長を感じるどころか、爆発的に成長している自分たちに驚くレベルになるのです。こんなチームからは、誰も抜け出したいとは思いません。難点と言えば、学生が卒店をして社会に出た後、その会社のレベルがあまりにも低いと、会社を辞めて店に戻ってくることがあるという点です。願わくば、その会社を改革するような気概を持つくらいに店で育てておきたいものです。

▶EPILOGUE

「自分の弱さ」を認識しよう

「一緒に働きたい店長」は自分をしっかり見つめている

あなたの店で働くスタッフが、「仕事の満足度」を高めていくためには、あなた自身が、スタッフの手本となるように行動をしなくてはなりません。しかし、あなたにも事情があります。置かれた立場があります。求められている責任があります。この最後の章では、そんなあなたが、スタッフの手本となるために、一番大切なことをまとめておきましょう。

「思い込み」は、自分の弱さを表わしている

「スタッフが本当に望んでいること」に取り組もう

「だって、アルバイトって、時給を上げないと結局は辞めて他の店に行ってしまいますよ」

「だって、お客様って、価格が安いから来てくれるんですよ」


人は思い込みをするものです。

「思い込みをしてはいけない」と人には言っていても、自分では思いっきり思い込みをしてしまいます。たしかめたわけでもないのに、決めつけてしまいます。確認したわけでもないのに、きっとそうだと思い込んでしまいます。しかも、「それはあなたの思い込みです」と言っている人自身が思い込んでいます。

なぜ、人は思い込みをしてしまうのでしょうか?

相手に確認するのが面倒……

相手に本当のことを聞くのが怖い……

相手が違うことを思っていたらまずい……

自分が思っているとおりであってほしい……

自分が思っていることのほうが正しい……

相手が、スタッフであっても、お客様であっても同じです。スタッフが働く理由。働き続ける理由、辞めてしまう理由、そして、お客様が、自分たちの店を選んでくださった理由。お客様がまた来てくださる理由、お客様が二度と来なくなってしまった理由。多くの店長は、これらの理由を、自分の考えや想像だけで決めつけて思い込んでしまいます。

その決めつけ～思い込みが、「自分だったらそうしている」という経験値からならばまだましです。半分くらいは当たっているかも知れません。しかし、不思議なことに、「自分ならそうはしないけれど、相手はそうに違いない」と考えてしまう思い込みのほうが多いのです。（私の取材と研究の結果です……）何だか、人って弱いですよね。

たとえば自分なら、「給料を上げてくれなかったら自分だったら悲しい。でも、それ以上の楽しみや成長ができるのなら、給料だけが退職理由ではない」と考えているのに、目の前のスタッフに対しては、時給部分しか考えないことがあります。

それは、「スタッフが重要だと考えている時給以外の部分」に対して店長自身が目をつぶっているからです。

なぜか？　それをするのが面倒だから？　それをしても効果がなかったらまずいから？　だったら、バイトが辞めてしまうのは、「時給のせい」にしておくほうが、言い訳がききそうだ……。そんな感じなのではないのでしょうか。

このように「決めつけ」「思い込み」は、軸がしっかりしている「自分軸」の判断ではなく、自分以外のせいにする「自分勝手」が原因であることが多いのです。これが、人の弱さの表われです。

実は、そういう私も、スタッフの満足度をなかなか上げることができないときは、「誰かのせい」「会社のせい」「社会のせい」にしていたことがありました。そのときは、自分がスタッフの満足度向上に全力で取り組んでいないことが恥ずかしくて、会社や他人のせいにしたかったのです。でも、そういうときに、そんな情けない私に気づきを与えてくれたのはスタッフたちでした。

「時給を上げてくれるのももちろんうれしいけれど、仕事で成長できるほうがもっとうれしい。時給が高くても、成長できないなら辞めたくなっちゃいます」

そのときのスタッフのひと言は、「時給を上げるしか仕事の満足を高められない」と逃げていた私に、自分勝手な思い込みではなく、きちんとスタッフの声を聴くことが重要なのだ、ということを学ばせてくれました。

このスタッフの発言が元で、私は「スタッフが辞める理由」、つまり「仕事に不満足な理由」と、「スタッフが辞めない理由」、つまり「仕事に満足している理由」は、双方とも「成長できるか否か」が大切ということに気づかされました。私の思い込みがリセットされた瞬間だったのです。

スタッフは、「仕事を通じて成長できること」をとても大切にしています。そんな彼らの満足度を高めていくために、店長は「スタッフが成長を感じ続けられる」ように行動することが重要なのです。

この方法については、拙著『店長のための「スタッフが辞めないお店」の作り方』（同文舘出版）にくわしく紹介しているので、ぜひ参考にしてください。

「受け止め」よう

何もかも「受け入れる」必要はありません

「店長が、パート・アルバイトの意見や要望を何でも受け入れていたら、かえって図に乗ってしまって収拾がつかなくなるのではないでしょうか？」

あるチェーン店の店長が、このような心配事を質問してきました。なるほど……「店長が、パート・アルバイトの意見を聴く」ことは非常に大切だと私はよく話します。この店長が心配しているのは、それにより、「店長は何でも言うことを聴いてくれる」と、パート・アルバイトが勘違いしてしまうのではないか？　ということなのです。

たとえば、パート・アルバイトが、「時給をもっと上げてほしい」と言ったら上げてしまうのでしょうか？　「上げないと辞める」と言ったらそうするのでしょうか？　こういう要求を受け入れざるを得なくなったら、そこからは「感動のサービス」は生まれません。

なぜなら、そんな彼らには「相手軸思考」がないからです。しかし、こういう発言をパート・アルバイトがしてくるようになるのは、それまでの店長の聴き方と店舗運営に対する基本姿勢に問題があるからなのです。

パート・アルバイトの意見や要望が、相手軸思考でかつ建設的なものになるには、店長は、次の3つのポイントを押さえる必要があります。

(1)店舗経営・店舗ビジョンについての情報や目標を公開する
(2)店長が先に決めるのではなく、チーム全体で検討したうえで店長が結論を出す
(3)パート・アルバイトの意見や要望は「受け入れる」のではなく「受け止める」

とくに、(3)の「受け入れるのではなく、受け止める」というポイントは非常に重要です。なかには、「受け止める」のではなく、「受け流す」ように聴く店長がいますが、これは大きな間違いです。

さらにパート・アルバイトが真剣に意見を言うか言わないかは、(1)と(2)を徹底しておかなければなりません。簡単に言うと、パート・アルバイトを「子ども扱いしない」ということです。

もしあなたが、店長が店長としての威厳を保とうとして、上から支配しようとすると、その反動は「抵抗」という形でしか現われなくなります。また、店長がパート・アルバイトに迎合すれば、そこに「お客様の満足」が生まれることはありません。（自分軸100％だから）

つまり店舗内の人間関係を、「勝つか負けるか」とか「支配するか従うか」という関係で考えていると、前向きな意見でさえも、「受け止める」ことはできなくなってしまうのです。

ましてや、「不満」や「問題点」などは、「受け流して」しまうし、「要求」は「受け入れるか否か」という関係になってしまいます。

しかし、店長や経営者が、最前線でお客様に接するパート・アルバイトと一緒に経営を考えて取り組むようにして、彼らを大人扱いすれば、彼らは自分たちが誰のために何を実現するために働いているのかを自覚するようになります。

あるチェーン店では、店舗ごとに店長とパート・アルバイトが一緒に「お客様に喜んでいただくためのキャンペーン」を企画して、どんどんと業績を向上させています。自分たちで考えたキャンペーンですから、入れ込み方が違うのです。

要は、何でも公開して一緒に考えればいいのです。それだけで、パート・アルバイトは大人になります。

すると、自然に「相手軸思考」は生まれてくるのです。その結果、彼らの話は間違いなく「受け止めやすく」なります。

自分の状態を認識できるようになろう

「メタ認知」があなたを成長させる

「私は、嫌なことがあってイライラしはじめると、頭の中で赤い風船が大きく膨らんでいく様子が思い浮かぶんです。それを感じたときは、『あ、風船を破裂させてはいけない』と思って、空気を抜いてしぼんでいくイメージを想像するようにしているんです」

彼女は、あるアパレルチェーン店の店長です。面倒見のよさを買われて、店長の仕事と同時に、5店舗のマネジャーを兼任しています。そのため、彼女の携帯電話は部下からの相談事で一日中鳴りっぱなしです。

「以前は、私が忙しいときに電話がかかってきて、『どうしましょう』『大変です』ってことを言われると、そのたびにイライラが爆発して、電話口で怒っていました。でも、それでは何も解決しないし、かえって電話の量も増える一方でした」

あるとき、そんな状態の彼女に、友人が笑いながら言いました。

「あなたを見ていると、いつ爆発するかよくわかるよね。だんだん顔が赤くなって、目がつり上がって、歯をむき出しにして……あああ～あと何秒で爆発する！……どかあああ～

ん！……まるで、風船がどんどん大きくなっていく様子そのものだわ（笑）」

イライラが高じて爆発するのは、決して彼女の本意ではありません。何とかそれを押さえて、冷静に指示を出したいのです。だから、そうなる前にその状態に気がつくようにしたいと前々から思ってはいたのです。しかし、興奮してしまうと、なかなかそういう気持ちにはなれなかったのです。

でも、その友人の言葉に彼女は、「そうか……自分が風船であることを思い出せばいいんだ……」と、なんと、携帯電話の待ち受け画面を、赤い風船の写真にし、さらに、携帯電話の電話帳に入れてある部下の写真も色とりどりの風船の写真にしたのです。そして、電話がかかってくると、「あ、青い風船からの電話だ」「黄色の風船ね。何かトラブルかな？」と、風船を意識しながら電話を取るようにしたのです。

彼女の取った方法は、自分の状態を自分で冷静に認識する「メタ認知能力」を高めるための行動です。この「メタ認知」をしっかりとすることができるようになると、「自分は今イライラしている→だから冷静になろう」と、自分で自分をコントロールするようになります。

よく、イライラしたり怒りがこみ上げてきたら、一度落ち着いて深呼吸をしましょうと言われますが、そもそも、自分のイライラやこみ上げた怒りの状態を冷静に認識していないと、深呼吸なんてできません。彼女のように、イライラする可能性の前に、「一度、冷静になっておく」、そして、「頭に風船を描いて、話を聴きながらその風船の大きさを意識するようにする」というようにするだけで、１００％とまではなかなかいきませんが、それでも結構高い確率で、自分の状態を認識できるようになるのです。

「メタ認知能力を高める」……リーダーとして非常に重要な能力です。あなたも、自分の状態を認識するための仕掛けを工夫してみてはいかがでしょうか？

ちなみに私は、すぐにイライラしてしまうので、デスクの前に鏡を置いて自分の表情をたしかめています。まあ、鏡のないところでは気がつかないので、まだまだ修行が足りない私です……。

「あなたと一緒に働けてよかった」

あなたの不満を先に解決しよう

「そうは言うけれど、僕たちだって毎日やることも多いし、何かと大変なんですよ。そう理想通りにはうまくいきませんよ」

あなたは特別な店長でしょうか？　1000人に1人のスーパー店長でしょうか？　きっと、ごく普通の店長なのだと思います。いや、もしかしたら、何でもすぐにできてしまうような特別な店長なんていないのかも知れません。この本でご紹介した、40名ほどの店長も特別な店長ではありません。彼ら、彼女らにも昔は、スタッフとのコミュニケーションがうまくいかず、悩みに悩んでいた時期があったのです。

そんな店長たちが、なぜ、従業員満足のステージを上っていき、満足度を高めていくことができたのかというと、それは「自分も仕事に満足したい」「成長して満足したい」という気持ちが強くあり、同じようにスタッフにも成長を通じて満足してほしいと強く思っていたからなのです。もし、仕事に対して満足を求めていなかったら、スタッフのことなんてどうでもいいからです。

今、あなたに、仕事に対する不満が少しでもあるのなら、まずは、その不満を解消し、自分の仕事に対する満足度を高めていくことに強い関心を持ってください。そして、あなた自身の満足度を高めていきながら、あなたの前にいるスタッフも、同じように何らかの不満を抱えていることにもっと強い関心を持ってほしいのです。

現場で働くスタッフが不満を抱えたまま、もしくは、低いステージで満足している状態では、お客様に満足を感じていただけるような仕事はできません。これと同じことが、スタッフとあなたの間にも言えるのです。あなたが不満を抱えたままでは、スタッフを満足させることなんてできないのです。

もし、あなたが経営者なら、店長の満足度向上にもっともっと力を注ぐべきです。そうしないと、店長に「スタッフの満足度を上げなさい」と指示しても、絶対に実現できません。

では、店長の満足度は、どのようにして向上させていけばいいのでしょうか。それは、この本で紹介した6つのステージと同じです。プロローグでもお話ししましたが、店長自身もこのステージをひとつずつ上がっていくことで、満足度を上げていくことができます。

ただし、いくら店長とはいっても、簡単にこのステージを駆け上がっていくことはできません。そこには、上司のフォローアップが必要なのです。経営者は、店長がスタッフに行なうのと同じアプローチを店長に対して行なっていかなければなりません。

さらに言えば、店長をフォローアップするエリアマネジャーやスーパーバイザーに対しても同じ仕組みが必要だし、部長や役員に対しても同じ仕組みが必要なのです。経営者の中には、店長以上は幹部なんだから、そんなことは自分で何とかしろと言う方もいます。しかし、そこが大きな勘違いなのです。スタッフが店長に憧れ、店長を手本にし、店長を真似るのと同じように、店長は上司を、上司はそのまた上司を手本とするのです。経営者が、手本を示さないと、その部下はその部下に手本を示すはずがありません。

さあ、もうおわかりいただけたでしょうか。

店舗組織は、その立場の違いこそありますが、満足度の構造はどの立場でもまったく同じなのです。

理想論を追求するのなら、トップからそれを示せばいいだけなのです。そこに矛盾が生じると、店長は冒頭のような不満を言いはじめます。

さて、あなたは、部下・スタッフの手本となっていますか？

あなたが、部下・スタッフにしてほしいと思っていることは、あなた自身が矛盾なく実行していますか？

もし、その方法がわからなかったら、この本に書いてあることを一つひとつ実際に行なってみてください。この本で紹介させていただいたことは、すべて実際の現場で店長が行なってきたことです。どれも、それほど難しいスキルなど必要ありません。ぜひとも、チャレンジしてみてください。

そうすることで、あなた自身が「あなたと一緒に働けてよかった」と言われる店長に近づいていくのです。

ご健闘を祈ります。

おわりに

「私、ここにいてもいいんですね……うれしい」

彼女は26歳。ステージ6に登場した「東京ナポリタン⑧」のキッチンスタッフです。彼女は、この店にアルバイトとして入社して3ヶ月。ナポリタン店のキッチンではストーブ（コンロやオーブンの場所。キッチンでは一番中心となる場所）を任され、この店が千葉のデパートの催しに出店したときには、仙台からの遠征チームにも抜擢されました。そんな彼女が、遠征から帰ってきたときに社長に言ったのが、この言葉だったのです。彼女は社会に出てから、いくつもの仕事を転々としてきましたが、この店ではじめて、「自分の居場所」を見つけたと言います。

まだアルバイトの身分でありながら、キッチンのメインを任されるほどに鍛えてもらい、遠征にまで同行させてもらいました。まわりの仲間からは、「頑張っているな」「よくやったな」「えらいな」「すごいね」と認められ、ほめられています。

本編でもご紹介しましたが、この店は間違いなくステージ6にいる店です。そのステージにいる店に入った新人の彼女は、ほんの数ヶ月で「成長」「貢献」「感謝」「誇り」を仕事、店、仲間、店長、そして自分に対して持つようになったのです。

飲食店だけでなく、すべての店舗ビジネスは、パート・アルバイトが戦力となってバリバリと頑張ってくれないと、売上げも上がらず、利益も上げることはできません。そのためには、彼ら、彼女らが、仕事に対して高いステージで満足していることが必須条件なのです。そして、それを実現するのが、店長であるあなたなのです。

私の一作目の著書『「競合店に負けない店長」がしているシンプルな習慣』（同文舘出版）にも書かせていただきましたが、スタッフに信頼される店長というのは、何においても「相手軸」に立って物事を考えて行動しています。この本で紹介させていただいた、多くの店長もみな、同じく「相手軸店長」なのです。

あなたが、「相手軸」に立ってスタッフを大切にし、手本を見せて見本となり、全力で前進する姿を見せれば、きっとスタッフたちは「あなたと一緒に働けてよかった」と言うようになることでしょう。いえ、必ずなります。

さて、最後に、この本を書くにあたってお世話になった方々にお礼を述べたいと思います。まずは、この本を書くきっかけをくださった、本著執筆当時株式会社物語コーポレーションの社長であった加治幸夫さん。加治さんの「従業員満足こそが何よりも大切である。だから、それをテーマにした本を書いてほしい」という言葉があったからこそ、この本を書く気持ちを固めることができました。ありがとうございます。

そして、本編最後のコラムに事例をご提供いただきました、東京ナポリタン⑧のオーナー株式会社オールスパイスの角田秀晴社長。角田社長がすでに実践されている店舗運営は、私がまとめたこの本の内容そのものでした。お陰で私は、この本を、よい事例を部分的に集めた「理想論」ではなく、すべて「実現可能な現実」なのだ、という自信を持って、世に出すことができました。ありがとうございます。また、執筆中に、たくさんのアドバイスをくださった方々。数多くの事例を提供してくださった、店長やエリアマネジャー、スーパーバイザーのみなさんにお礼を述べたいと思います。ありがとうございます。

さて、2020年春からの新型コロナ禍による緊急事態宣言などで、多くの飲食店や小売店、サービス店が営業自粛や酒類販売停止などの要請を受け、営業存続の危機に陥っています。

そんな厳しいウイズコロナ～アフターコロナの世の中を生き残っていくには、スタッフが「これからもあなたと働きたい」という気持ちにさせる、力強いリーダーシップを発揮する店長が必要だ！　そしてそんな店長のためには、彼らの役に立つ「参考書」が必要だ！　と、2015年年に刊行した本書の改訂版を出す機会をいただいた、同文舘出版の古市達彦編集長に、心よりお礼を申し上げたいと思います。本当にありがとうございます。

では、最後になりましたが、この本をお読みいただいたあなたが、相手軸に立ち、スタッフに手本を見せることで、スタッフから「これからもあなたと働きたい」と言われる日が来ることを、お礼とともにお祈り申し上げます。ありがとうございました。

お問い合わせ先

本書でご紹介している「従業員満足の6つのステージ」に基づいた「従業員満足度調査」および「従業員満足の高め方」、また、このテーマに関する講演、セミナー、研修などにつきましては、弊社までお問い合わせください。

メールアドレス

info@peopleandplace.jp

ホームページ

http://www.peopleandplace.jp/

https://www.tenchonavi.com/

2023年6月

株式会社 PEOPLE&PLACE　松下雅憲

著者略歴

松下 雅憲（まつした まさのり）

1958年大阪生まれ。1980年日本マクドナルド(株)入社。店舗運営の現場と出店戦略に関わること25年。2005年4月とんかつ新宿さぼてんを運営する(株)グリーンハウスフーズに入社。執行役員としてエリアマーケティングを活用した店長育成システムを導入し、大きな成果を上げた。2012年4月、株式会社PEOPLE&PLACEを設立し、代表取締役に就任。現場指導30年のキャリアとマクドナルドおよび新宿さぼてんで確立した独自の「人材育成ノウハウ」「従業員満足度向上ノウハウ」とビジネスコーチとしてのスキルを活かし、のべ1000人以上の店長が抱えていた「ひとの悩み」を解決している。
著書に『「競合店に負けない店長」がしているシンプルな習慣』（同文舘出版）などがある。

HP：http://www.peopleandplace.jp/
HP：https://tenchonavi.com/
メール：info@peopleandplace.jp
商標権　相手軸：登録第5587390号　**登録日**：平成25年5月31日

新版「これからもあなたと働きたい」と言われる店長がしているシンプルな習慣

2023年6月7日　初版発行

著　者 —— 松下　雅憲

発行者 —— 中島　豊彦

発行所 —— 同文舘出版株式会社

東京都千代田区神田神保町1-41　〒101-0051
電話　営業03(3294)1801　編集03(3294)1802
振替00100-8-42935　http://www.dobunkan.co.jp

©M.Matsushita
ISBN978-4-495-53032-7

印刷／製本：萩原印刷　Printed in Japan 2023

JCOPY〈出版者著作権管理機構 委託出版物〉

本書の無断複製は著作権法上での例外を除き禁じられています。複製される場合は、そのつど事前に、出版者著作権管理機構(電話 03-5244-5088、FAX 03-5244-5089、e-mail: info@jcopy.or.jp)の許諾を得てください。